Montessori en casa

Montessori en casa

El cambio empieza en tu familia

Cristina Tébar

Plataforma
Editorial

Primera edición en esta colección: septiembre de 2016
Sexta edición: octubre de 2017

© Cristina Tébar, 2016
© de la presente edición: Plataforma Editorial, 2016

Plataforma Editorial
c/ Muntaner, 269, entlo. 1ª – 08021 Barcelona
Tel.: (+34) 93 494 79 99 – Fax: (+34) 93 419 23 14
www.plataformaeditorial.com
info@plataformaeditorial.com

Depósito legal: B. 14.239-2016
ISBN: 978-84-16820-10-8
IBIC: JMC

Printed in Spain – Impreso en España

Diseño de cubierta y fotocomposición:
Grafime

El papel que se ha utilizado para imprimir este libro proviene
de explotaciones forestales controladas, donde se respetan
los valores ecológicos, sociales y el desarrollo sostenible del bosque.

Impresión:
Prodigitalk
Martorell (Barcelona)

A mis hijos, mis maestros.

NOTA: A lo largo del libro voy a hablar de «padres» para referirme de forma genérica a aquellos adultos que habitualmente están a cargo de los niños, ya sean padres, madres, tíos, tías, abuelos, abuelas… Igualmente, voy a hablar de «el niño» para referirme de manera genérica a niños y niñas, tal como hacía Maria Montessori en sus escritos. Al hablar de «la guía» me estaré refiriendo en general a guías Montessori, tanto masculinos como femeninas.

Índice

1.
¿Por qué Montessori debería interesarme si no soy docente?

Imagino que si tienes este libro entre tus manos ya tienes un cierto interés en lo que voy a contarte, pero aun así me gustaría empezar dándote dos motivos para terminar de convencerte: el primero es que **Montessori es bueno para tus hijos** y el segundo es que **Montessori es bueno para el mundo.**

¿Así? ¿Ya está? ¿Solo con esto pretendo convencerte de seguir leyendo?

Está bien, déjame que me explique con un poco más de detalle.

Montessori es bueno para tus hijos

Todos queremos tener un mundo mejor, pero también es cierto que lo que más nos importa en este mundo son nuestros hijos —es totalmente lícito, no tenemos que sentirnos egoístas por ello, en un momento te cuento por qué–, así que vamos a empezar por enumerar algunos de los valores y aptitudes que un niño puede desarrollar si le ofrecemos una educación Montessori:

- Capacidad de tomar decisiones.
- Capacidad de concentración.
- Capacidad de percepción.
- Independencia.
- Libertad.
- Sentido de la justicia.
- Capacidad de hacer juicios de valor.
- Racionalidad.
- Creatividad.
- Capacidad de ser feliz.
- Autodisciplina.
- Automotivación.
- Autocontrol (físico y mental).
- Amor por aprender.
- Respeto a los demás, al entorno y a sí mismo.
- Responsabilidad.
- Seguridad en sí mismo.

Si te fijas, todas estas características pueden suponer grandes ventajas para tus hijos, pero no solo para ellos, también para las personas con las que se relacionen a lo largo de su vida y para el entorno sobre el que tengan influencia. Si te sentías egoísta por pensar en el beneficio de tus hijos, ahora ves que ese beneficio van a compartirlo con el mundo, y esto nos lleva a mi segundo argumento: Montessori es bueno para el mundo.

Montessori es bueno para el mundo

El gran objetivo de Maria Montessori no era facilitar el aprendizaje de las matemáticas a través de materiales manipulativos, ni tampoco conseguir que los niños aprendan a leer y escribir por sí solos con un método que respeta sus ritmos y necesidades. Todo eso forma parte de Montessori, por supuesto, pero el objetivo principal, la base sobre la que se asienta todo lo demás es **educar para la paz**.

Maria Montessori vivió las dos guerras mundiales y también se vio afectada por la guerra civil española. Conoció a Mahatma Gandhi en 1931 en Londres y desde entonces mantuvieron el contacto, especialmente durante los años en que ella vivió en la India. Todo esto la marcó de una manera profunda y, unido a su inmensa fe en el potencial de los niños, le hizo volcar todas sus energías en divulgar la importancia de trabajar para la paz desde la educación.

Tanto Gandhi como Montessori tenían una fe absoluta en el potencial de los niños y en la importancia de su educación como camino hacia un futuro mejor para toda la humanidad. A veces a las personas que pensamos así nos tachan de soñadoras, visionarias e incluso de ingenuas, pero en eso consiste la fe, en confiar en algo sin tener hechos o datos que lo apoyen. Es evidente que vivimos tiempos convulsos y que como humanidad podemos tomar varios caminos; yo, al igual que muchos otros soñadores-visionarios (dejemos a un lado lo de ingenuos), tengo fe en que si confiamos en el inmenso potencial de los niños y acompañamos su desarrollo y su educación adecuadamente, estaremos eligiendo el mejor de los caminos.

Maria Montessori decía que «una educación capaz de salvar a la humanidad no es una empresa pequeña; implica el desarrollo espiritual del hombre, la mejora de su valor como individuo y la preparación de los jóvenes para entender los tiempos en que viven» (1998b), y creo que esa frase engloba a la perfección el objetivo de una educación Montessori.

Gandhi, por su parte, tenía una idea muy similar de cuál debía ser el camino para la paz: «Si queremos alcanzar una paz verdadera en este mundo y si vamos a llevar a cabo una verdadera guerra contra la guerra, tendremos que empezar con los niños, y si crecen en su inocencia natural, no tendremos la lucha [...], sino que iremos del amor al amor y de la paz a la paz, hasta que por fin todos los rincones del mundo estén cubiertos con la paz y el amor de los que, consciente o inconscientemente, todo el mundo está hambriento» (1931).

Si estos dos motivos te han llegado y te han animado a seguir leyendo, te doy la enhorabuena, tienes en tus manos la capacidad de aportar tu granito de arena para conseguir ese mundo mejor del que te hablaba. Espero que este libro te sirva de ayuda e inspiración para trabajar en esta importante tarea.

Después de esta introducción, quiero aprovechar este primer capítulo para hablarte de la importancia de Montessori desde dos puntos de vista: el mío personal como madre y el de la ciencia.

1.1. Mi historia como «mamá Montessori»

Mi transformación en una «mamá Montessori» no fue de la noche a la mañana, ni ocurrió justo en el momento en que me convertí en madre; tras mis primeros meses como madre primeriza empecé a oír hablar del método Montessori y me pareció muy interesante; al ver que encajaba bastante con mis ideas sobre educación decidí indagar más sobre el tema.

Mis estudios anteriores tenían algo que ver con la educación, pero nada que ver con Montessori. Soy licenciada en Ciencias Ambientales y siempre me incliné hacia la rama de la Educación Ambiental, así que al terminar la carrera obtuve el Certificado de Aptitud Pedagógica con el objetivo de prepararme para ser profesora de secundaria, pero cuando entré en el mundo de las oposiciones vi que no encajaba conmigo y decidí continuar mi vida laboral por otro camino, que me llevó a pasar por dos trabajos que no tenían mucho que ver con la educación.

Pero es lo que tiene convertirse en madre... que nos pone el mundo patas arriba y nos hace replantearnos nuestras prioridades y reorganizar nuestra escala de valores. Al nacer mi primer hijo renació en mí el interés por la pedagogía y descubrí Montessori. Y me enganchó.

Lo primero que me atrajo de Montessori fueron sus materiales, especialmente los del área de Matemáticas. Cuando te has peleado con las mates durante años, hasta el punto de odiarlas, y de pronto descubres un material manipulativo que te hace ver la belleza y la magia de una fórmula matemática… algo se remueve dentro de ti, algo te hace pensar: «¿Por qué si esto existe desde hace más de cien años nadie me lo dijo?», «¿Por qué si las matemáticas son apasionantes tenemos que aprenderlas con métodos que nos hacen odiarlas?», y quien dice las matemáticas dice cualquier otra materia. El caso es que ese momento de revelación es el que hizo que me interesase por la pedagogía Montessori, y empecé a profundizar en ella pensando que iba a descubrir un método para fomentar el amor por aprender; lo que no sabía en aquel momento es que Montessori va mucho mucho más allá de lo que los materiales pueden ofrecer.

A medida que fui leyendo más sobre Montessori me enamoró su filosofía, su respeto por los ritmos de aprendizaje de cada niño y su visión del desarrollo del ser humano desde el nacimiento. Así que decidí empezar a integrar la filosofía Montessori en nuestro estilo de crianza, y casi sin darme cuenta, en nuestro estilo de vida. Al principio mi intención era ofrecer a mis hijos los beneficios más aparentes de Montessori: independencia, amor por el aprendizaje, capacidad de pensar por sí mismos, responsabilidad, autodisciplina…

Pero a medida que fui sumergiéndome en las profundidades de su filosofía empecé a descubrir que iba mucho más allá, que Montessori no solo sirve para dotar a los niños de ciertas herramientas y habilidades para la vida, que no solo sirve para educarlos en valores…

Lo que hacemos en Montessori es acompañar el desarrollo del ser humano de modo que cada niño pueda convertirse en la mejor persona que pueda ser, que pueda brillar en todo su potencial, que pueda realizar su misión en el mundo y en el cosmos y así sentir que su vida tiene un sentido más allá de su propia existencia.

Este es el mensaje principal que intento transmitir cuando alguien me pregunta: «¿Qué es eso de Montessori?», es el mensaje que tengo en mente cada vez que tengo que tomar una decisión, por pequeña que sea, relacionada con la educación de mis hijos, y es el mensaje que quiero trasladarte a lo largo de este libro.

1.2. Montessori bajo la lupa de la ciencia

Maria Montessori creó su pedagogía hace más de cien años a partir de la observación directa de miles de niños. Tuvieron que pasar muchos años para que a través de estudios científicos se pudiera dar explicación a todo aquello que ella descubrió, pero hoy en día el tiempo sigue dándole la razón y los nuevos descubrimientos en neurociencia no hacen más que confirmar la validez de su método y su filosofía.

Hay al menos ocho principios básicos de la pedagogía Montessori que han sido demostrados científicamente (Lillard, 2008):

1. El movimiento y las capacidades cognitivas están estrechamente relacionados, y el movimiento es necesario para el pensamiento y el aprendizaje.
2. El aprendizaje y el bienestar mejoran cuando la persona siente que tiene el control de su propia vida.
3. Se aprende mejor cuando hay un interés en lo que se está aprendiendo.
4. Ofrecer recompensas externas por realizar una determinada actividad (incluidas las buenas notas por hacer bien un examen) tiene un impacto negativo en la motivación cuando se dejan de ofrecer dichas recompensas.
5. El aprendizaje mejora cuando los niños trabajan en grupo y colaboran entre ellos.
6. El aprendizaje es más rico cuando se produce en un contexto significativo que cuando se produce en un contexto abstracto.
7. Ciertas formas de interacción entre el adulto y el niño optimizan los resultados del niño.
8. El orden en el entorno es beneficioso para el desarrollo del niño.

¿Y qué hay de la neurociencia? En los últimos años está revolucionando la manera de entender el cerebro humano y su funcionamiento, lo que nos ha hecho replantearnos nuestra manera de aprender y de educar. También estos descubrimientos demuestran la validez de la pedagogía Montessori, así que creo que merece la pena que nos detengamos un poco en este tema.

La neurociencia

Cuando Steve Hughes se refiere a Montessori como «el mejor método de aprendizaje basado en el desarrollo del cerebro», sabe bien de lo que habla. Es expresidente de la Academia Americana de Neuropsicología Pediátrica y durante años ha estudiado los beneficios que la educación Montessori tiene en el desarrollo neurológico.

La conexión mano-cerebro

Uno de los beneficios más evidentes de Montessori en relación con el desarrollo neuronal consiste en el uso de las manos como instrumento para el aprendizaje. Gracias a la neurociencia sabemos que la cantidad de recursos que el cerebro emplea para procesar la información que recibe a través de las manos es proporcionalmente muy superior al tamaño de estas en relación con el tamaño total del cuerpo, es decir, que las manos suponen la principal entrada de información al cerebro y, por tanto, deberían desempeñar un papel crucial en el aprendizaje, tal como ocurre en Montessori.

Además, hay estudios que demuestran los mejores resultados del aprendizaje práctico en comparación con los del aprendizaje mediante observación.

Los periodos sensibles

Maria Montessori observó que los niños, especialmente entre el nacimiento y los seis años, atraviesan periodos en los que muestran un especial interés por una determinada actividad. A estos periodos sensibles se los ha llamado también ventanas de oportunidad, y más recientemente, la neurociencia los ha identificado como etapas en las que el cerebro necesita una determinada estimulación para desarrollarse correctamente. Más adelante te hablaré de los periodos sensibles con más detenimiento.

Las redes neuronales

Hay un modelo del funcionamiento y la organización del cerebro que muestra que las diferentes áreas del cerebro no trabajan de manera independiente, sino que están conectadas entre sí mediante redes neuronales. Estas redes neuronales se desarrollan mediante la experiencia. Todavía no sabemos exactamente cómo ocurre ese proceso de maduración, pero sí sabemos que hay ciertas cosas que lo fomentan, por ejemplo, la **repetición**, algo que se favorece en un ambiente Montessori, especialmente en la etapa de cero a seis años, cuando el niño tiene una tendencia natural a repetir una actividad para perfeccionar una determinada habilidad.

Otra manera de favorecer el desarrollo de las redes neuronales es mediante **actividades sensoriales**, otro punto fuerte del método Montessori, especialmente en la etapa de tres a seis años, en la que el trabajo con materiales sensoriales tiene una especial importancia.

Las neuronas espejo

Maria Montessori definió la mente absorbente como la capacidad del niño de cero a seis años de absorber información de su entorno a través de los sentidos, y décadas después el descubrimiento de las neuronas espejo vino a corroborar científicamente lo que ella había descubierto mediante la observación.

Las neuronas espejo se encuentran en el lóbulo frontal de los seres humanos y otras especies, incluyendo primates y aves, y se activan cuando un animal o ser humano realiza una acción o cuando ese animal o humano observa a otro animal de la misma especie realizando la misma acción.

En un ambiente Montessori, las presentaciones de los materiales y los grupos de varias edades permiten que los niños puedan aprender tanto a través de la imitación como a través de su propia actividad.

Las funciones ejecutivas

Las funciones ejecutivas son las capacidades mentales encargadas de resolver de manera consciente, voluntaria y eficaz la mayoría de los problemas que se le presentan a un individuo. Varios estudios han demostrado que estas habilidades son esenciales para el aprendizaje tanto cognitivo como social y emocional.

- Flexibilidad cognitiva: se trata de la función que nos permite adaptarnos a cambios en el entorno o en las prioridades, la que activa nuestro pensamiento creativo cuando necesitamos resolver un problema.

- Control inhibitorio: incluye la capacidad de centrar nuestra atención en una tarea a pesar de las distracciones (concentración), de continuar con esa tarea hasta finalizarla (disciplina) y de resistir los impulsos y responder en su lugar de una forma considerada (autocontrol).
- Memoria de trabajo o memoria operativa: es la capacidad de retener información en la mente para poder trabajar con ella. Nos permite relacionar ideas y tomar decisiones considerando la información de la que disponemos.

Como ves, las funciones ejecutivas tienen un gran papel en nuestra vida y es importante favorecer su desarrollo, que se produce desde la infancia y continúa perfeccionándose hasta la vida adulta. En un ambiente Montessori se trabajan todas estas habilidades, como veremos más adelante.

RESUMEN DEL CAPÍTULO 1

Las ideas principales que quiero que te lleves de este primer capítulo son:

- Montessori es bueno para tus hijos.
- Montessori es bueno para el mundo.
- Montessori es mucho más que materiales, es acompañar el desarrollo del ser humano.
- La ciencia actual corrobora lo que Maria Montessori descubrió a partir de la observación.

2.
Una visión global
de todo lo que abarca Montessori

¿Qué vas a aprender en este capítulo?

Cuando termines de leer este capítulo, vas a tener una idea general de lo que es Montessori, como pedagogía y como filosofía de vida, lo que va a ayudarte a poner en orden toda esa información que estás encontrando (o que tal vez ya tienes) y te está resultando abrumadora. A partir de ahora toda esa información inconexa empezará a tener más sentido dentro de un todo.

2.1. Los cuatro planos del desarrollo

Tras toda una vida de observación de los niños y su desarrollo a lo largo de los años, Maria Montessori presentó dos esquemas en los que explica las diferentes etapas del desarrollo humano desde el nacimiento hasta los veinticuatro años, algo que ningún otro método pedagógico ha englobado en su totalidad.

A estas etapas las llamó «los cuatro planos del desarrollo» y son la base que puede ayudarnos a entender las necesidades del bebé-niño-adolescente-joven en cada momento, y cómo ayudar a que desarrolle sus potencialidades en lugar de reprimirlas.

Esta primera imagen muestra los cuatro planos del desarrollo de una manera geométrica, diferenciándolos y asociándolos entre sí mediante distintos tonos de gris.

La forma triangular indica que durante los tres primeros años de cada plano se produce un aumento de las sensibilidades de dicha etapa hasta alcanzar un máximo, para después disminuir de intensidad hasta desaparecer y dar paso a las sensibilidades de la siguiente etapa.

Imagen 1: El ritmo constructivo de la vida

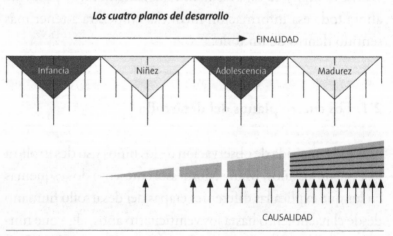

Los cuatro planos del desarrollo

FINALIDAD

Infancia   Niñez   Adolescencia   Madurez

CAUSALIDAD

Fuente: NAMTA

En cuanto a los tonos de gris de la imagen, el gris oscuro identifica la infancia y la adolescencia, que tienen muchas similitudes, ya que ambos son periodos de creación y grandes cambios físicos y psicológicos. Mientras que el gris claro identifica la niñez y la madurez, periodos de calma y estabilidad, en los que se perfeccionan las habilidades adquiridas en la etapa anterior.

Debajo del gráfico principal aparece otro que muestra la estructura del sistema educativo convencional, en la que la cantidad de contenidos y asignaturas que el alumno recibe va aumentando de forma regular en función de su edad, sin tener en cuenta en absoluto las necesidades marcadas por el desarrollo natural del ser humano.

La palabra causalidad indica que en la educación convencional el aprendizaje se produce por causa y efecto; el profesor es la causa y el alumno que aprende el efecto. En contraste con esto, en el gráfico superior vemos la palabra finalidad, ya que, cuando se respetan los planos del desarrollo, el aprendizaje se produce debido a una finalidad establecida por la propia naturaleza del ser humano.

En esta segunda imagen Maria Montessori plasmó los cuatro planos del desarrollo de una manera menos geométrica y más natural.

Una de las diferencias con el esquema del ritmo constructivo de la vida es que en este caso la infancia y la adolescencia muestran un engrosamiento en el esquema, lo que las identifica como más importantes y delicadas y, por tanto, con mayor necesidad de atención y cuidados, y se da claramente

Imagen 2: El bulbo

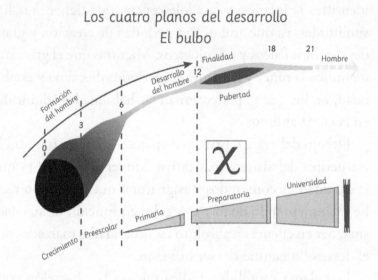

Los cuatro planos del desarrollo
El bulbo

Versión hecha por Plataforma Editorial

más peso al plano de la infancia y más concretamente al subplano de cero a tres años.

En esta imagen el paso de un plano al siguiente se produce de forma más gradual, como efectivamente ocurre en la vida real, esto se ve especialmente en la transición del gris oscuro al claro que se produce entre los tres y los seis años.

La inclinación del bulbo también nos da información que en la primera imagen no aparecía; nos indica cómo el ritmo de desarrollo y crecimiento va disminuyendo hasta convertirse en una línea horizontal a partir de los dieciocho años.

También en esta imagen aparece en la zona inferior la comparación con el sistema educativo convencional, que en este caso sí que abarca la etapa de cero a seis años y que, además, incluye los nombres de famosos educadores que crearon métodos de enseñanza para las diferentes etapas educativas, con lo que Maria Montessori quiso señalar la fragmentación y la falta de continuidad entre las etapas del sistema educativo existente.

Ahora vamos a ver los cuatro planos con más detalle, pero como sé que este tema de los cuatro planos del desarrollo incluye mucha información y no quiero abrumarte ya desde el principio, al final de este capítulo te he dejado un esquema-resumen de las principales características de cada uno de los cuatro planos del desarrollo.

2.1.1. Primer plano: infancia (de 0 a 6 años): «mente absorbente»

Al inicio de este primer plano del desarrollo, justo en el punto que correspondería al nacimiento, aparece una llama que indica que el recién nacido encierra en sí las «potencialidades creadoras del hombre». A esta energía interior capaz de guiar el desarrollo del ser humano, Maria Montessori le dio el nombre de *horme*. De esta energía interior o maestro interior te hablaré más adelante a lo largo del libro.

El lema de este primer plano del desarrollo sería: «Ayúdame a hacerlo yo solo», una de las frases que más a menudo se utilizan para definir Montessori.

El plano de la infancia está claramente dividido en dos subplanos:

- De cero a tres años: mente absorbente inconsciente.
- De tres a seis años: mente absorbente consciente.

En ambos subplanos el aprendizaje se produce mediante impresiones sensoriales que el niño recibe del entorno, pero en la etapa de cero a tres años el niño no es consciente de ello, mientras que en la de tres a seis años sí que realiza un trabajo con un propósito de manera consciente.

El primer plano del desarrollo es un periodo de grandes cambios, especialmente durante los tres primeros años de vida, que son un periodo de máxima importancia en el desarrollo físico y psicológico del niño y es cuando se producen las crisis evolutivas que a menudo sorprenden a los padres.

Las crisis evolutivas

Las crisis evolutivas son periodos de transición entre etapas; si las conocemos y las entendemos, nos resultará más fácil ofrecer al niño nuestro apoyo en lugar de convertirnos en un obstáculo para su desarrollo o malinterpretar su comportamiento como caprichoso.

La palabra «crisis» suele tener una connotación negativa, pero su significado real es *juicio*, es decir, no debemos afrontar estas crisis como periodos problemáticos y resignarnos a que «es una etapa y ya se le pasará», sino como periodos que ponen a prueba tanto al niño como a nosotros, y debemos saber que tras pasar esa prueba el niño habrá dado un paso más en su evolución.

Imagen 3: Crisis evolutivas

Crisis evolutivas
en los primeros tres años

| 0 meses | → | 6 meses | → | 9 meses | → | 18 meses |

| Nacimiento | Alimentación complementaria | Desplazamiento | Autoafirmación |

Fuente: «Las crisis evolutivas de los primeros 3 años», disponible en:
www.montessoriencasa.es/las-crisis-evolutivas-the-crises-of-development/

- **Crisis del nacimiento**
  En el nacimiento se produce la separación física del cuerpo de la madre. El bebé lleva nueve meses preparándose para esta prueba y en este momento debe demostrar que es capaz de respirar, de buscar el pecho de su madre, de poner en funcionamiento su sistema digestivo, etcétera.

  Durante las primeras seis u ocho semanas de vida, el periodo simbiótico, el bebé necesita desarrollar un fuerte apego con su madre, para lo que conviene favorecer la intimidad del núcleo familiar durante estas primeras semanas y evitar la sobreestimulación.

  A lo largo de estas semanas el bebé se adapta a la vida fuera del útero y empieza a desarrollar su confianza en el entorno desde la seguridad de los brazos de su madre, y al terminar este periodo está listo para empezar a interactuar con el mundo más allá de ella.

- **Crisis de la introducción de alimentación complementaria**
  Alrededor de los seis meses el bebé está listo para empezar a complementar la lactancia con otros alimentos. En esta crisis se pone a prueba la capacidad del niño para masticar y digerir nuevos alimentos, y para aprender a alimentarse solo.

  Algunos de los signos que nos indican cuándo está preparado para dar este paso serían la capacidad de sentarse solo, la aparición de los primeros dientes, el interés por la comida, etcétera.

  La introducción de alimentos debe realizarse siempre respetando al niño, sin obligarle a comer ni meterle la comida en la boca, sino poniéndosela delante y dejando que sea él quien se acerque a la cuchara. El método *baby led weaning* (alimentación complementaria), que en los últimos años ha ganado mucha popularidad, es una muy buena opción.

- **Crisis del desplazamiento**
  Alrededor de los nueve meses el bebé empieza a tener la capacidad de desplazarse, alejarse de la madre y después volver, primero mediante el gateo y más adelante andando. Con esta crisis se ponen a prueba las capacidades motoras que el bebé ha estado desarrollando desde el nacimien-

to, especialmente si no le hemos puesto impedimentos para ello y hemos respetado su libertad de movimiento.

En este periodo es importante transmitirle nuestra confianza con nuestro lenguaje corporal y nuestras expresiones, y no frenar ni forzar sus avances.

Suele coincidir que en este momento el bebé empieza a manifestar la «ansiedad ante los extraños», debido a que ahora ya es consciente de su propio cuerpo y su propio espacio y no tolera que un desconocido invada ese espacio.

- **Crisis de autoafirmación**
Comienza alrededor de los dieciocho meses, cuando el niño empieza a utilizar la palabra «no», y se dice que termina cuando el niño empieza a utilizar la palabra «yo» de una manera consciente. Comúnmente se habla de este periodo como la crisis de los dos años.

Es un periodo en que el bebé está dejando de serlo para convertirse en un niño, por lo que en ciertos momentos se comporta como un bebé y en otros como un niño, lo que puede confundir a los padres y hacerlos pensar que el niño es caprichoso o que está intentando tomarles el pelo.

Cuando el niño dice «no» está intentando reafirmar su opinión, dejar claro que ya no es un bebé que necesita que tomemos todas las decisiones por él, sino que es capaz de decidir sobre ciertas cosas. Un ejemplo muy claro es la ropa: en este periodo resulta muy beneficioso dar a elegir al niño entre dos camisetas en lugar de decidir nosotros. Para nosotros no supone un gran esfuerzo y en cambio para el niño supone una gran diferencia porque se siente escuchado, capaz y satisfecho de poder ejercer cierto control sobre su vida.

Es importante entender y acompañar al niño en este periodo, ya que es el momento en el que se desarrolla su confianza en sí mismo, a diferencia de las etapas anteriores, en las que se desarrollaba su confianza en el entorno.

Los periodos sensibles

Otra característica del primer plano del desarrollo es que es el único momento en la vida del ser humano en que se manifiestan los **periodos sensibles**, también conocidos como ventanas de oportunidad. En estos periodos el niño muestra un gran interés por una habilidad en concreto, y la perfecciona mediante la repetición. Una vez pasado el periodo sensible para una cierta habilidad es mucho más difícil que se produzca el aprendizaje de manera natural y espontánea, y en cualquier caso conllevará un cierto esfuerzo.

Te pondré un ejemplo muy claro: el periodo sensible para el lenguaje va de los cero a los seis años; durante esos primeros años un niño es capaz de aprender uno o varios idiomas sin ningún esfuerzo, partiendo desde cero y alcanzando un nivel nativo en todos ellos. Sin embargo, a partir de esa edad, aunque podemos aprender un idioma, nos cuesta mucho más trabajo y nunca llegamos a perfeccionarlo totalmente.

Algunos de los periodos sensibles más representativos son los siguientes:

- **Movimiento**: desde el nacimiento hasta los cuatro años.
- **Refinamiento de los sentidos**: desde el nacimiento hasta los cinco años.
- **Lenguaje**: desde el nacimiento hasta los seis años.
- **Orden**: de los doce meses a los tres años y medio.
- **Modales, gracia y cortesía**: de los dos a los seis años.
- **Escritura**: de los cuatro a los cinco años.
- **Números**: de los cuatro a los cinco años y medio.
- **Lectura**: alrededor de los cinco años y medio.

No hay que olvidar que este listado es simplemente orientativo. Los periodos sensibles pueden variar mucho de un niño a otro, incluso dependiendo de la fuente que consultes encontrarás diferencias en la identificación de los periodos. La mejor manera de saber si tu hijo está en un periodo sensible es observarlo e identificar sus intereses en cada momento.

2.1.2. Segundo plano: niñez (de 6 a 12 años): «mente razonadora»

En este plano se desarrolla el pensamiento abstracto; el niño explora el mundo más allá de su entorno más inmediato, buscando la independencia intelectual; si el lema del primer plano del desarrollo era: «Ayúdame a hacerlo yo mismo», el del segundo plano sería: «Ayúdame a pensar por mí mismo».

Entre los seis y los siete años se producen cambios importantes en la manera en que el niño aprende y se relaciona con el mundo:

- Pasa **de la mente absorbente a la mente razonadora**, de absorber información concreta a razonar sobre conceptos abstractos.
- **Adquiere todo lo que tiene que ver con la cultura**, mientras que en la etapa de cero a seis años su objetivo principal era adaptarse al ambiente.
- Tiene la necesidad de **relacionarse con otros** buscando alguna forma de actividad organizada.

Según las palabras de Maria Montessori, «en esta etapa se siembra la semilla de todo, pues la mente del niño es similar a un suelo fértil dispuesto a acoger lo que más adelante germinará en forma de cultura» (1998c).

¿Y cómo hacemos eso de sembrar la semilla de todo? La respuesta de Montessori a esa necesidad es la educación cósmica, la piedra angular del método Montessori en la etapa de primaria, la que enlaza con todos los aprendizajes que se realizan durante este segundo plano del desarrollo y los interconecta dentro de un todo que es el cosmos. Si la idea del universo se presenta ante el niño de forma adecuada, no solo despertamos su interés, también su admiración y asombro, que son aún más fuertes que el interés, y encenderán en él la chispa de la curiosidad. Los conocimientos que adquiera siempre estarán enmarcados dentro de la totalidad del universo, y su inteligencia se organizará en torno a una visión global, haciendo que el niño se interese por todo, ya que todo está interconectado de alguna manera si lo analizamos desde esa visión global del Universo.

En los planos físico y fisiológico se trata de un periodo de calma y crecimiento uniforme, sin grandes cambios y con un estado de salud mucho más fuerte que en el plano anterior. No existen límites para lo que un niño puede conseguir en esta etapa si se le da la posibilidad, pero, por desgracia, a menudo se subestima su potencial en estas edades.

Maria Montessori se dio cuenta de que mientras «al niño pequeño le era suficiente su cerrado núcleo familiar en el que establecía sus primeras relaciones sociales con los demás, en el segundo periodo le es necesario un campo más amplio para sus experiencias sociales. Su personalidad no se puede desarrollar permaneciendo en el ambiente restringido de los primeros años [...]. La escuela como ambiente cerrado, como se concibe hoy en día, no es suficiente para él. Le faltan los elementos para desarrollar plenamente su personalidad, se observa en él una cierta regresión, algunas manifestaciones del carácter que no podemos definir como anomalías, pues en realidad se trata de reacciones a un ambiente que le resulta insuficiente. Pero no nos damos cuenta de estas situaciones y puesto que queda sobreentendido que el niño debe hacer lo que le ordena el adulto, aunque el ambiente en el que vive no sea apto a sus necesidades, cuando él manifiesta esos altibajos de carácter decimos que es "malo", y lo castigamos; pero la mayoría de las veces ignoramos la causa de esta "maldad"» (2016).

El hecho de decir que un niño es «malo» cuando muestra un mal comportamiento no es algo que ocurra solamente en esta etapa. Ya vimos que en el primer plano del desarrollo es habitual pensar que un niño está siendo caprichoso o desafiante cuando muestra un comportamiento asociado a una crisis del desarrollo o simplemente cuando está siguiendo a su maestro interior. En el segundo plano del desarrollo la situación es similar; el niño se rebela de alguna manera cuando su entorno no le permite desarrollarse y siente que sus necesidades no están siendo cubiertas, y aquí no hablo de las necesidades básicas; más adelante veremos las necesidades y las tendencias humanas y entenderás mucho mejor a qué me refiero.

2.1.3. *Tercer plano: adolescencia (de 12 a 18 años): «mente humanística»*

Durante esta etapa se produce la creación del adulto. El adolescente está deseoso de entender la humanidad y la contribución que él mismo puede hacer a la sociedad, y busca la independencia social, económica y emocional.

El lema de este tercer plano del desarrollo sería: «Ayúdame a pensar contigo».

En los planos físico y fisiológico se trata de un periodo de muchos cambios físicos y emocionales, acompañados de un estado de salud más delicado que en el plano anterior y unas necesidades de nutrición y descanso que a menudo no son tenidas en cuenta por las exigencias académicas convencionales.

Personalmente siempre he pensado que los adolescentes son profundamente incomprendidos e injustamente etiquetados: lo pensaba cuando yo misma era adolescente y lo sigo pensando muchos años después. Cuando estás atravesando la adolescencia es habitual que no te entiendas ni tú mismo, pero si además no cuentas con el apoyo y la comprensión de los que te rodean, el trance se convierte en una carrera de obstáculos agotadora. Por eso es de vital importancia que los adultos (padres, profesores, familiares, etcétera) que tratamos con adolescentes tengamos una cierta comprensión de lo que implica la adolescencia y de cuál es la mejor manera de acompañar a los jóvenes durante esta etapa de su desarrollo.

Maria Montessori decía que «el periodo en el que el cuerpo alcanza su madurez fisiológica es un periodo difícil: el organismo se transforma en un rápido desarrollo y es tan delicado que los médicos lo comparan al momento del nacimiento y al del rápido crecimiento de los primeros años» (2016).

Esto debe hacernos pensar: ¿cuántos cuidados procuramos a un recién nacido para protegerlo de enfermedades y ayudarlo a tener una buena salud? ¿No deberíamos estar haciendo lo mismo (aunque enfocado de manera diferente) con los adolescentes? Normalmente tenemos mucho cuidado de respetar el sueño de un recién nacido, pero cuando un adolescente duerme hasta las once de la mañana o muestra cansancio porque ha madrugado le colgamos la etiqueta de perezoso.

Pero los cambios fisiológicos no son los más importantes en esta etapa, también «se trata de una época aún más crítica desde el punto de vista psicológico. Es la edad de las dudas y de las excitaciones, de las emociones violentas, del desánimo, en algunas ocasiones se observa una disminución de las capacidades intelectuales. La dificultad de concentrarse en el estudio no se debe a la falta de buena voluntad: constituye una de las características psicológicas de esta época» (Montessori, 2016).

Volvamos a ese adolescente al que hemos catalogado injustamente de vago por su necesidad –completamente lícita– de dormir. Si además vemos que le cuesta concentrarse o que su rendimiento académico ha disminuido en relación con el que tenía antes de los doce años, rápidamente llegamos a la conclusión de que se está volviendo vago, no le interesa su futuro, no se toma en serio sus obligaciones… Si el pobre no tiene suficiente con el torbellino de hormonas, cambios físicos y emocionales por los que está atravesando, además le añadimos nuestra incomprensión y a menudo también nuestra desaprobación.

Después de lo que acabo de contarte te invito a que hagas un ejercicio de empatía y te pongas en el lugar de este adolescente imaginario o de cualquier adolescente al que conozcas; seguro que a partir de ahora verás a los adolescentes con otros ojos.

2.1.4. *Cuarto plano: madurez (de 18 a 21/24 años):* «*mente especialista*»

En el último plano del desarrollo, el adulto ya está formado. Ahora explora el mundo con una «mente especialista» para encontrar su misión en la vida, y busca la independencia moral y espiritual.

Imagen 4. Los cuatro planos del desarrollo según Maria Montessori

	Infancia		Niñez	Adolescencia	Madurez
	De 0 a 3 años	De 3 a 6 años	De 6 a 12 años	De 12 a 18 años	De 18 a 21/24 años
	Mente absorbente inconsciente	Mente absorbente consciente	Mente razonada	Mente humanística	Mente especialista
	Ayúdame a hacerlo yo solo		Ayúdame a pensar por mí mismo	Ayúdame a pensar contigo	¿En qué puedo ayudarte?
	Independencia física y biológica		Independencia intelectual	Independencia social, económica y emocional	Independencia moral y espiritual
	Explorar el medio a través de los sentidos (¿qué?)		Explorar ideas e información (¿por qué?, ¿cómo?)	Transición de la vida familiar a la vida en sociedad	Autoconocimiento y autorrealización
	Salud frágil		Salud fuerte	Salud frágil	Salud fuerte
	Grandes cambios físicos y psicológicos		Crecimiento estable	Grandes cambios físicos y psicológicos	Final del crecimiento estable

Formación del hombre

Desarrollo del hombre

Fuente: «Los 4 planos del desarrollo», Esquema 1: El ritmo constructivo de la vida, disponible en: www.montessoriencasa.es/los-4-planos-del-desarrollo-the-4-planes-of-development/

El lema del cuarto plano del desarrollo sería «¿En qué puedo ayudarte?». Si en los planos anteriores no se han reprimido las necesidades del niño y el adolescente, ahora nos encontramos ante un adulto responsable con una gran conciencia moral, una persona íntegra y plena que puede trabajar por la humanidad y no solo por su propio beneficio.

En los planos físico y fisiológico se trata de un periodo de gran estabilidad, incluso mayor que el de la niñez, porque ahora apenas se produce crecimiento, y con un estado de salud fuerte.

Los cuatro planos del desarrollo dan para mucho, así que he preparado un resumen en forma de cuadro (ver página anterior) que recoge las ideas principales para que puedas tenerlas accesibles de un solo vistazo.

2.2. Necesidades y tendencias humanas

Los seres humanos, y los animales en general, tenemos una serie de necesidades físicas básicas: alimento, abrigo, refugio, transporte, protección/defensa, etcétera. Pero los seres humanos, además de esas necesidades físicas, tenemos unas necesidades espirituales no relacionadas directamente con la supervivencia, sino más bien con la búsqueda del significado de nuestra existencia.

Las tendencias humanas son las que nos guían para ayudarnos a satisfacer esas necesidades. Pero antes de hablarte de cuáles son las principales tendencias humanas vamos a detenernos un momento a ver las características que definen una tendencia:

- Una tendencia puede ser definida como una fuerza de accionamiento que tiende en cierta dirección.
- Las tendencias humanas son universales y comunes a todos los seres humanos, independientemente de su sexo, raza, cultura o de la época en la que vivan.
- Están presentes durante toda nuestra vida, pero se manifiestan de diferente manera en cada plano del desarrollo.

Conocer las tendencias humanas y ser capaz de reconocer su manifestación en los niños es esencial para saber acompañar y no obstaculizar el desarrollo del ser humano. Maria Montessori habló de las tendencias humanas, pero nunca declaró un número exacto de ellas. Vamos a ver las más destacadas.

Exploración

La exploración es una inclinación a investigar, descubrir y mirar a nuestro alrededor. Esto implica el uso de los sentidos y el movimiento. Esta tendencia fue esencial para la supervivencia de los primeros seres humanos. A medida que la vida se vuelve más segura gracias al progreso no dejamos de explorar, pero lo hacemos más allá de los sentidos: exploramos en un plano filosófico, emocional, creativo, artístico, espiritual, etcétera. Esta tendencia se manifiesta muy temprano en la vida del niño. Al principio, las áreas de exploración son limitadas y fuertemente ligadas a los sentidos. A medida que el niño va madurando se van ampliando sus horizontes de exploración.

Manipulación

Los seres humanos necesitan tocar y manipular su entorno para entenderlo. Es el siguiente paso después de la exploración: una vez que encontramos algo interesante, es natural querer usarlo de alguna manera. Así es como nació el concepto de «herramienta»: un objeto que mediante su manipulación con las manos permite realizar un determinado trabajo.

Orientación

La orientación es la capacidad de conocer nuestra situación en relación con nuestro entorno, ya sea físico, emocional, intelectual o social. La orientación nos da una sensación de seguridad.

Esta tendencia también es muy notable en la primera infancia, cuando el niño está tratando de establecer puntos de referencia en un mundo nuevo y extraño.

Orden

El orden nos permite relacionar cosas y experiencias entre sí según su función, secuencia, características, etcétera. El orden externo es esencial para el niño de cero a seis años porque está absorbiendo el medio ambiente directamente en la estructura de su cerebro. Una vez establecido ese orden interior somos capaces de mantener el orden en nuestro entorno de una manera más flexible y de hacer frente al desorden.

Observación

La observación es necesaria para entender nuestro entorno con precisión y tomar decisiones correctas. Es un requisito clave para cualquier experimentación y es vital para la investigación científica.

Los niños son extremadamente observadores desde el nacimiento, y absorben todos los detalles de su entorno.

Abstracción/Imaginación

Esta es verdaderamente la característica que nos diferencia de otros animales. Somos capaces de visualizar eventos que todavía no han ocurrido, somos capaces de sentir y expresar emociones que no son tangibles. Podemos imaginar algo que solo existe en nuestra mente y, a continuación, buscar la manera de convertirlo en realidad.

Esta tendencia se empieza a manifestar especialmente a partir de los seis años, en el segundo plano del desarrollo.

Concentración

Tenemos la capacidad de fijar nuestra atención en algo durante un periodo prolongado de tiempo, y al hacerlo, podemos llegar a ser resistentes a la distracción. Esta fijación de la atención es la primera condición necesaria para el aprendizaje.

Trabajo

El trabajo conduce a una sensación de logro y autoestima. Maria Montessori creía que a través del trabajo es como un niño construye su verdadero ser.

Repetición

Los niños tienen en su interior una necesidad de repetir ciertas tareas una y otra vez, especialmente durante los primeros seis años de vida. Cuando un niño repite una determinada actividad puede alcanzar una gran concentración. Por lo tanto, la repetición conduce no solo al dominio de la tarea en cuestión, sino también a una mayor capacidad de concentración y a un sentido de logro.

Precisión

Con el fin de obtener un resultado exitoso, es necesaria una cierta precisión. Los seres humanos han creado durante su evolución miles de técnicas y movimientos, cada uno de los cuales necesita cierta precisión para obtener el resultado deseado, ya se trate de hacer fuego, fabricar herramientas, tocar un instrumento, escribir, etcétera.

Comunicación

Los seres humanos se deleitan en la transmisión de pensamientos, sentimientos e información entre ellos. La comunicación incluye la palabra escrita y hablada, el tacto, las expresiones faciales, los gestos, el arte, la música y la danza. La comunicación es el enlace de entendimiento entre las personas, tanto cara a cara como de generación en generación.

El control de error que conduce a la perfección

Esta tendencia aúna todas las demás. El niño **explora** su entorno, se **orienta** y se dirige a un determinado material o tarea. **Manipula** los materiales. Se **imagina** el resultado que quiere conseguir. **Repite** las manipulaciones buscando **orden** y **precisión**. Él mismo controla sus errores al **observar** imperfecciones. En ocasiones puede **comunicarse** con otro niño o con un adulto para **trabajar** juntos. Continúa trabajando, **concentrado**, luchando por la «perfección». Es importante tener en cuenta que esta idea de la perfección está en la mente del niño, no es algo impuesto por un padre o un maestro. Los niños experimentan un profundo sentimiento de satisfacción y alegría cuando se les permite trabajar hasta que hayan logrado lo que ellos consideran que es la perfección.

¿Te habías parado a pensar en todas estas tendencias humanas? A veces algo tan evidente como esto nos pasa desapercibido, lo que nos impide interpretar correctamente los comportamientos y las conductas no solo de nuestros hijos, sino de los adultos y también las nuestras propias.

Ahora que las has visto enumeradas, es posible que las observes de manera más consciente y las identifiques en los comportamientos de tus hijos. Te invito a hacerlo.

2.3. El maestro interior

Seguramente hayas escuchado más de una vez esta conocida frase de Maria Montessori, pero ¿qué significa realmente «seguir al niño»?

Obviamente no se trata de seguirlo físicamente a todas partes, ni tampoco se trata de hacer todo lo que el niño diga —como algunos detractores de Montessori podrían pensar—, es al maestro interior del niño al que realmente debemos seguir.

Ya hemos visto, al hablar de los cuatro planos del desarrollo, que el niño nace con una especie de energía interior —que Maria Montessori denominó *horme*— que lo guía en su desarrollo. Nuestra labor es respetar esa energía, ese maestro interior, confiar en él y ofrecer al niño un entorno (que nos incluye a los adultos) en el que su desarrollo pueda seguir su camino sin obstáculos que lo obliguen a «desviarse» de dicho camino. Eso es seguir al niño.

Una metáfora que me gusta mucho utilizar es la de que un niño al nacer es como una semilla al brotar; la semilla tiene en su interior toda la información que necesita para construirse a sí misma, solo necesita un entorno adecuado, y nuestra labor no es decirle a la semilla cómo desarrollarse para llegar a ser una planta, sino facilitarle los medios para hacerlo (luz solar, un sustrato donde poder enraizar, agua, etcétera). Hay ciertas necesidades que podemos ayudar a satisfacer, pero hay cosas que solo el entorno puede darle, y nuestra labor en ese caso no es otra que la de no entorpecer. En el caso del niño, las necesidades son obviamente más complejas que las de una planta, pero la metáfora me parece perfecta. Podemos guiar al niño en su desarrollo igual que podemos guiar el crecimiento de una planta, pero no podemos decirle cómo debe crecer, ni tampoco podemos hacer que crezca más deprisa o más despacio, que los dientes de leche le salgan en el momento en que nosotros decidamos, etcétera. En definitiva, no podemos apropiarnos del proceso ni forzarlo; tanto el niño como la planta tienen que construirse a sí mismos, ellos son los únicos dueños de su propio proceso de desarrollo.

Pero vamos a volver un momento a ese concepto que comentaba de la «desviación».

¿Te has parado a pensar alguna vez que cuando nacemos todos somos seres puros y buenos por naturaleza? ¿Que en ese momento en que llegamos al mundo no existe la maldad en nuestro interior y todo nuestro potencial está predestinado a hacer el bien? Apuesto a que sí. Maria Montessori también se dio cuenta de este detalle y de cómo el entorno y las experiencias que un niño vive en sus primeros años son las que hacen que se aleje poco a poco del camino que debería seguir para continuar siendo un ser bueno y puro. Por eso tal vez hayas oído alguna vez a algún montessoriano decir que un niño tiene «desviaciones» o que está «contaminado»; ya sé que estas palabras hoy en día no suenan muy bien, pero empezaron a emplearse hace alrededor de un siglo y tal vez en ese momento no sonaban tan mal...

Estas desviaciones, o esta contaminación, no son más que consecuencias de un entorno que no ha respetado las necesidades del niño y, por tanto, ha obstaculizado su desarrollo obligándolo a tomar un camino alternativo.

Montessori siempre se dice que si un niño muestra un mal comportamiento, no hay que buscar el problema en el niño, sino en el entorno, y esto es una verdad como un templo. Volviendo a la metáfora de la planta, es como si una planta estuviera ubicada en un lugar donde no tiene toda la luz solar que necesita; algo en su interior le dice que tiene que hacer lo que sea para conseguir más luz solar, ¡su supervivencia depende de ello! Es posible que crezca en la dirección de donde le llega la poca luz que recibe, de modo que su tallo ya no será recto, sino que adoptará la forma necesaria para que sus hojas reciban la luz, o es posible que el color de sus hojas no sea el verde vivo que debiera ser en las condiciones óptimas de luz, o tal vez no consiga dar flores o las que dé sean de un tamaño muy pequeño... En cualquier caso, cualquiera que vea esa planta se dará cuenta de que algo está fallando, y con un poco de sentido común sabrá que la solución no consiste en hacer algo con la planta, sino en hacer algo con el entorno de la planta.

De la misma manera, cuando obstaculizamos el desarrollo normal del niño lo estamos alejando de su estado normal, de ahí que Montessori llame **normalización** al proceso por el cual un niño recupera ese estado normal gracias a un entorno que no obstaculiza su desarrollo.

La normalización

Admito que la primera vez que escuché hablar de normalización no me sonó nada bien. En mi mente normalización era sinónimo de estandarización; de hecho, no solo en mi mente, en cualquier diccionario de sinónimos también lo es. Y lo primero que se me vino a la cabeza fue: «Pero ¿Montessori no se basa precisamente en respetar el desarrollo individual de cada niño? ¿Cómo puede compaginarse eso con la idea de que todos los niños sigan un estándar?». La respuesta es clara: no se puede, por eso enseguida me interesé por saber a qué se referían los montessorianos al hablar de normalización y entendí que no tiene nada que ver con la estandarización, y por eso creo que es importante detenerme a aclarar el verdadero significado del término normalización en Montessori.

En el libro *La mente absorbente del niño*, Maria Montessori definió la normalización como «el proceso por el cual el niño abandona todos los comportamientos negativos y adquiere comportamientos positivos de una manera espontánea y sin esfuerzo» (1971).

Tras observar a cientos de niños en las Casas de Niños, se dio cuenta de un curioso fenómeno: al contrario de lo que erróneamente se pensaba –y por desgracia todavía mucha gente piensa a día de hoy– sobre el comportamiento de los niños, era evidente que cuando se les ofrecía el entorno adecuado y la libertad para desarrollarse a su propio ritmo, los niños eran tremendamente trabajadores, y así es. Tienen la capacidad de concentrarse en actividades durante largos periodos de tiempo, siempre que estas los atraigan y satisfagan sus necesidades. Aprenden a elegir por sí mismos y repiten las actividades que les gustan en cada momento. Respetan el trabajo de sus compañeros. Comienzan a mostrar una calma y una alegría que nunca antes habían mostrado.

Maria Montessori se dio cuenta de que todo esto no era fruto de la casualidad, ya que se repetía sin excepción en todos los niños y en todas las Casas de Niños; sin duda este nuevo comportamiento que mostraban después de esta transformación correspondía en realidad al estado normal del niño. El niño inquieto que corre sin control tirando cosas al suelo, golpeando a otros y causando interrupciones no es un niño satisfecho. En el momento en que las necesidades del niño están satisfechas y su maestro interior es respetado, se produce la normalización.

Un niño normalizado muestra bondad, paciencia, empatía, satisfacción por sus logros, alegría por los logros de los demás, autodisciplina, autocontrol, confianza en sí mismo, capacidad de elegir una actividad y concentrarse en ella, etcétera. Si te fijas, son las características que enumeré al principio del libro para explicarte cómo es un niño Montessori, y son las características que una persona íntegra y plena debería tener en condiciones normales. Por desgracia, el mundo en el que vivimos raramente ofrece esas condiciones normales, y nuestro desarrollo desde que nacemos está marcado por obstáculos que nos desvían de ese camino normal que deberíamos seguir. Por tanto, tenemos que hacer un esfuerzo para ofrecer esas condiciones a nuestros hijos, para darles la oportunidad de desarrollar esas características, esos valores que los acompañarán toda la vida y que los convertirán en adultos plenos.

Es posible que ahora mismo estés pensando «Vale, te compro la idea, me apunto a eso de la normalización, ahora dime: ¿qué tengo que hacer exactamente para favorecer la normalización en mis hijos? ¿Existe una receta mágica?». Me alegra decirte que sí existe una receta –aunque no mágica– y voy a darte unas pautas para aplicarla en casa, pero eso lo dejo para el capítulo 3, en el que voy a hablar específicamente de por qué creo firmemente que Montessori también existe fuera de la escuela.

Volviendo al maestro interior, ¿cuáles crees que son las consecuencias de no respetar al maestro interior de cada niño? Voy a ponerte un ejemplo: imagina a un pequeño de dos o tres años que está jugando en casa y de pronto decide sacar todos los libros de su estantería y ponerlos en el suelo, su madre lo ve, pero en vez de intervenir decide esperar a ver qué ocurre a continuación. Con sorpresa ve que el niño empieza a colocar los libros de nuevo en la estantería ordenándolos por su tamaño y al terminar se muestra satisfecho con su trabajo y se pone a hacer otra cosa. Es evidente que ese niño tenía una necesidad genuina de trabajar el orden y lo estaba haciendo a través de la manipulación de sus libros. ¿Qué habría pasado si su madre le hubiera regañado por haber puesto todos los libros en el suelo?

Si regañamos a un niño por hacer algo que su maestro interior le está dictando, pensará que ha hecho algo mal y que tal vez no deba seguir escuchando a ese maestro interior. Poco a poco se produce una desconexión con el propio ser que se irá agravando con el tiempo. Dime, ¿a cuántas personas conoces que estén realmente conectadas con su vida interior, que lleven una vida guiada por ese maestro interior? Si conoces alguna o si tienes la suerte de ser una de ellas, sabrás que la felicidad y la plenitud tienen mucho que ver con esa conexión.

A los adultos nos cuesta mucho volver a establecer esa conexión cuando la hemos perdido en nuestra infancia; existen cientos de libros de autoayuda, retiros espirituales y técnicas para trabajar esa conexión con nuestro maestro interior. ¿No merecería la pena tratar de que nuestros hijos no la pierdan?

2.4. La pirámide de tres pisos, los tres pilares en Montessori

Ahora que tienes una idea del desarrollo del ser humano y sus necesidades y tendencias según las teorías que propuso Maria Montessori, imagino que ya te has creado una imagen más global de todo lo que abarca esta pedagogía. Para ayudarte a completar esa visión global quiero continuar explicándote los tres pilares fundamentales en los que se basa

Montessori, para que de ahora en adelante tengas una imagen mental de en cuál de esos tres pilares tienes que trabajar en función de tu situación.

En Montessori se suele hablar de tres pilares fundamentales que forman el entorno del niño: el adulto preparado, el ambiente preparado y los materiales.

En una escuela Montessori los tres pilares son necesarios y tienen similar importancia (aunque el adulto preparado es el pilar imprescindible) y se interrelacionan entre ellos como vemos en la imagen 5.

Pero estarás de acuerdo conmigo en que el entorno familiar no es como es una escuela, ¿verdad? En este caso yo siempre digo que estos tres pilares deberían representarse mejor como una pirámide, ya que unos cobran más importancia

Imagen 5: Los tres pilares Montessori

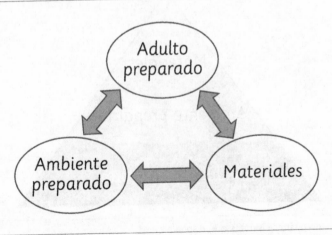

Fuente: www.montessoriencasa.es/

que otros y podemos trabajar perfectamente aunque no dispongamos de los tres pilares. Como puedes ver en la imagen 6, la base de la pirámide sería el adulto preparado; sin esa base no sirve de mucho trabajar en los escalones superiores de la pirámide. Ese sería el primer aspecto en el que debemos trabajar para incorporar Montessori en casa. Después, o paralelamente, podemos ir trabajando en el ambiente preparado y, por último, en los materiales, pero aunque solamente nos quedemos en la base de la pirámide y no vayamos más allá, ya estaremos haciendo mucho por el desarrollo de nuestros hijos.

En el capítulo 4 vamos a detenernos con más detalle en cómo trabajar estos tres pilares, especialmente los dos que más importancia tienen en el entorno familiar: el adulto preparado y el ambiente preparado.

Imagen 6: Pirámide Montessori

Fuente: «La pirámide Montessori», disponible en:
www.montessoriencasa.es/la-piramide-montessori/

RESUMEN DEL CAPÍTULO 2

Las ideas principales que quiero que te lleves de este segundo capítulo son:

- Los cuatro planos del desarrollo nos permiten entender las particularidades de cada etapa del desarrollo de nuestros hijos y acompañarlos adecuadamente en cada momento.
- Conocer las tendencias humanas y ser capaz de reconocer su manifestación en los niños es esencial para saber acompañar y no obstaculizar el desarrollo del ser humano.
- Es necesario respetar y confiar en el maestro interior de cada niño.
- Los tres pilares básicos de la pedagogía Montessori son el adulto preparado, el ambiente preparado y los materiales, y el primero y el segundo son los más importantes en el entorno familiar.

3.
¿Existe Montessori fuera de la escuela? Y lo que es más importante, ¿funciona?

Seguro que a estas alturas del libro ya tienes claro que Montessori encaja con lo que quieres ofrecer a tus hijos, pero tal vez te estés preguntando si todo esto funciona solamente para los niños que tienen la posibilidad de asistir a una escuela Montessori. En este capítulo voy a darte mi punto de vista desde mi experiencia y espero resolver esa duda.

3.1. Montessori como estilo de vida

Creo firmemente que Montessori puede existir fuera de la escuela, tal vez no de la misma manera y con ciertas dificultades, pero sin lugar a dudas tiene mucho sentido integrar la filosofía Montessori no solo en nuestro estilo de crianza, sino en nuestro estilo de vida.

Como ya he comentado, el primer paso para ofrecer una educación Montessori a nuestros hijos es nuestra propia transformación como adultos, y para eso no necesitamos gastar dinero en materiales, ni tan siquiera crear un ambiente preparado en casa, lo único que necesitamos es tiempo, dedicación y conciencia (que no es poco). En el capítulo 4 voy a explicarte con más detalle en qué consiste exactamente esa transformación en un adulto preparado y te daré unas sugerencias para trabajar en ello, pero no nos adelantemos.

Cuando empiezas a hacer ese trabajo personal de transformación, te das cuenta de que integrar la filosofía Montessori en tu vida va mucho más allá de la relación con tus hijos y con otros niños, termina por convertirse en un proceso de desarrollo personal que te hace replantearte muchas cosas y ver la vida de otra manera. Al final te das cuenta de que Montessori impregna todo tu estilo de vida, y eso tiene una gran ventaja, porque para bien o para mal los niños pasan un cierto tiempo en el colegio, pero el tiempo que pasan contigo, en familia, es muy significativo y los marca profundamente.

No te estoy descubriendo nada nuevo si te digo que nuestros hijos aprenden de nuestro ejemplo, seguro que has oído alguna vez la famosa cita de la madre Teresa de Calcuta que dice: «No te preocupes porque tus hijos no te escuchen, ellos te observan todo el tiempo». Por eso creo que es una enorme ventaja el hecho de que Montessori pueda formar parte no solo de la vida académica de los niños, sino de su vida en general. Tanto si tus hijos van a una escuela Montessori como si no, el hecho de ofrecerles un «estilo de vida Montessori» va a tener un impacto enormemente positivo en su desarrollo y en su visión del mundo.

Te voy a poner un ejemplo: imagina que decides salir a pasear con tu hijo de cuatro años, ¿cómo se desarrollaría el paseo? ¿Iríais a un lugar que tú consideres apropiado y caminaríais un rato juntos? ¿O bien dejarías que tu hijo decida a qué velocidad debéis caminar, en qué momento quiere detenerse a mirar una hormiga (y durante cuánto tiempo quiere hacerlo antes de reemprender la marcha), hacia dónde os va a llevar el paseo...?

¿Qué diferencia hay entre estas dos maneras de definir un paseo? Bueno, la diferencia es bastante evidente: en el segundo caso dejamos que el niño tome la iniciativa y aprovechamos la oportunidad para observarlo, identificar sus intereses y conocerlo mejor. Pero me refiero a qué diferencia hay para ti en la práctica, seguro que no te cuesta mucho adaptar tu manera de pasear con tus hijos y, sin embargo, el impacto que esto puede tener en tu relación con ellos y en su desarrollo es increíble.

Este tipo de pequeños cambios en tu estilo de vida son los que marcan la diferencia a largo plazo, y si los vas incorporando poco a poco, realmente no te supondrá un gran esfuerzo, se trata de tomar conciencia y decidir cambiar ciertas cosas. El problema con el que se encuentran muchas familias es que se sienten abrumadas por la cantidad de información que reciben sobre esas cosas que deben cambiar, y eso, unido a que la tarea de ser padres es ya de por sí agotadora, hace que terminen por bloquearse y no hagan ningún cambio.

Para facilitarte un poco la tarea y evitar que caigas en ese bloqueo, voy a proponerte que te centres en cuatro puntos que son esenciales para el desarrollo de tus hijos:

- **Orden:** ya hemos visto que el orden externo es esencial para los niños menores de seis años, ya que están construyendo su orden interno. Pero no deja de ser importante también para los mayores de seis años. Nuestros cerebros buscan el orden para ser capaces de organizar y relacionar la información que reciben.
- **Concentración:** ya he mencionado que es la primera condición necesaria para el aprendizaje, pero, además, es clave para el desarrollo cerebral y también es un ingrediente básico para la normalización, como veremos más adelante.
- **Independencia:** cuando un niño es independiente tiene seguridad en sí mismo porque confía en sus capacidades, asume la responsabilidad de sus decisiones y desarrolla la motivación y la disciplina internas, herramientas importantes que utilizará durante toda su vida.
- **Coordinación:** es esencial en el desarrollo del niño, le permite controlar sus movimientos y adquirir habilidades necesarias para desenvolverse en el mundo.

Ya ves que esto tiene un poco de trampa porque, aunque son solo cuatro puntos, son muy amplios. Pero lo que quiero es que tengas estos cuatro puntos como referencia, para que te orienten a la hora de tomar cualquier decisión relacionada con la crianza o la educación de tus hijos. Por ejemplo, una decisión aparentemente irrelevante como: «¿Debería comprarle a mi hija este abrigo con botones o este otro con cremallera?», a partir de ahora puedes tomarla teniendo en cuenta estos cuatro puntos: ¿cuál de los dos abrigos va a fomentar su sentido del orden?, ¿cuál de ellos va a ayudarla a trabajar su concentración?, ¿cuál va a favorecer su independencia?, ¿y su coordinación? La respuesta a estas preguntas dependerá mucho de tu hija, si sabes que todavía no sabe abrochar botones, la elección está clara: el abrigo de cremallera es el que va a permitirle trabajar la coordinación, la concentración y va a favorecer su independencia. En cambio, si tu hija ya sabe abrochar botones, tal vez el abrigo de botones sea mejor elección porque, además de esos tres puntos, también puede favorecer el del orden —por el hecho de que cada botón corresponde a un ojal—.

Pero no olvides que el objetivo de tener estos cuatro puntos como referencia es facilitarte la vida, no quiero que ahora empieces a pensar que tienes que pasar absolutamente todas tus decisiones por este filtro, porque entonces es fácil que caigas en ese bloqueo que te comentaba antes. Te propongo que empieces por hacerlo solo en aquellas decisiones que consideres más importantes, y con un poco de práctica verás que lo estás haciendo de manera automática casi sin darte cuenta.

3.2. La normalización en casa

Es importante recordar que la normalización es una cualidad interna y que no se puede forzar ni inducir de manera artificial, lo que podemos y debemos hacer es facilitarla. Pero ¿cuáles son las condiciones necesarias para que se produzca? ¿Podemos reproducir esas condiciones en casa?

La normalización se adquiere a través de la concentración en materiales manipulativos, escogidos libremente por el niño una vez que se le han presentado, que son apropiados para su edad y que atraen sus periodos sensibles para el orden, movimiento, refinamiento de la percepción sensorial y lenguaje. Maria Montessori observó que «generalmente la normalización emerge a través del uso voluntario y repetido de las actividades de vida práctica» y que se produce «en niños menores de seis o siete años» (1998a).

El entorno óptimo para que se produzca la normalización es una Casa de Niños que incluya un ambiente completo con todos los materiales, grupos de edades mezcladas y un adulto formado como guía Montessori, pero esto no significa que no podamos favorecer la normalización en casa. Voy a darte cinco ideas que puedes poner en práctica.

Organizar los juguetes

Organiza los juguetes y actividades de tus hijos en estanterías bajas, accesibles y abiertas, de una manera ordenada y atractiva, de modo que puedan elegir lo que quieren utilizar y devolverlo después a su lugar.

Materiales naturales

Es preferible tener pocos juguetes y que estos sean de buena calidad. Dentro de lo posible, intenta que los juguetes de tus hijos estén fabricados con materiales naturales, que ofrecen una experiencia sensorial mucho más rica que el plástico y además favorecen que el niño valore y aprecie la belleza de los materiales nobles y la naturaleza de la que proceden.

Por otra parte, los juguetes de plástico suelen ser indestructibles, lo que incita a que se les dé un uso más descuidado, mientras que los objetos delicados transmiten esa necesidad de ser manipulados con cuidado y atención.

Otro factor importante de los materiales naturales es que resultan más atractivos, por lo que es más fácil que el niño se interese en ellos y desarrolle su concentración.

Ofrecer actividades de vida práctica

Como ya vimos, para Maria Montessori las actividades de vida práctica son generalmente el mejor camino hacia la normalización, y esto se debe a que atraen intensamente la atención del niño, especialmente entre los dos y los seis años, y favorecen una intensa concentración, que es el paso previo a la normalización. Esto es una gran noticia porque precisamente el área de vida práctica es la que mejor podemos integrar y adaptar al entorno familiar.

Pero ¿en qué consiste exactamente el área de vida práctica? Se trata de actividades que permiten al niño aprender y practicar tareas cotidianas relacionadas con su cuidado personal, el cuidado del entorno y el control del movimiento de su propio cuerpo, además de conocer unas nociones básicas de gracia y cortesía que le servirán para poder relacionarse con los demás de una forma educada —en el capítulo 4 te contaré cómo las lecciones de modales, gracia y cortesía pueden ser una importante herramienta de resolución de conflictos—.

Es muy fácil integrar el área de vida práctica en las tareas cotidianas en casa (lavarse las manos, poner la mesa, limpiar, cuidar las plantas, etcétera), solo tenemos que permitir que el niño participe en ellas y tener en cuenta ciertas pautas a la hora de ofrecerle este tipo de actividades:

- La división de las tareas en una secuencia de pasos, que por una parte va a facilitar al niño la realización de la tarea y por otra parte va a favorecer el orden y la concentración para seguir la secuencia.
- Que los materiales que le ofrezcamos sean lo más atractivos posible; aparte de estar fabricados en materiales naturales, como ya he comentado, me refiero también a que se trate de herramientas y utensilios reales de tamaño infantil en vez de réplicas de juguete, y que los presentemos de una manera limpia y ordenada. De esta forma

el niño se va a ver atraído por unos objetos agradables, hechos a su medida y ordenados, y va a disfrutar trabajando con ellos y viendo cómo le permiten conseguir un determinado objetivo (ya sea limpiar una ventana o atarse los cordones).

- Que el niño elija la actividad libremente, lo que va a permitirle trabajar su capacidad de decisión y, además, va a facilitar la concentración, ya que el niño va a trabajar en algo que realmente atrae su interés.

- Que el niño pueda repetir cada actividad tantas veces como desee, ya que, como hemos visto anteriormente, la repetición conduce no solo al dominio de la tarea en cuestión, sino también a una mayor capacidad de concentración y a un sentido de logro.

Teniendo en cuenta estos detalles, es relativamente fácil ofrecer actividades de vida práctica a tus hijos en casa.

Ciclo de trabajo en tres partes

Explica a tus hijos que pueden elegir un juguete o actividad, utilizarlo durante el tiempo que quieran y luego devolverlo a su lugar tal como lo encontraron. Estas tres partes del ciclo de trabajo establecen unos límites claros a la vez que ofrecen una gran libertad de elección, y favorecen la adquisición de responsabilidad y respeto tanto hacia el entorno como a las personas que conviven en él.

Favorecer la motivación interna

Los niños tienen de manera natural interés y amor por aprender, no es necesario ofrecerles premios por el hecho de aprender algo nuevo o de trabajar duro para conseguir un objetivo; la propia satisfacción que genera lograrlo o descubrir algo que no sabían es recompensa suficiente al esfuerzo. Es muy importante que permitamos que nuestros hijos experimenten esa satisfacción personal y que de ese modo se fortalezca su motivación interna, y la mejor manera de hacerlo es prescindir de premios, castigos e incluso elogios. Más adelante voy a detenerme en este tema para explicarte con más detalle los efectos negativos de educar mediante premios, castigos y elogios, y para darte algunas alternativas.

Es cierto que la normalización es mucho más fácil de conseguir en un ambiente Montessori completo en el que haya un grupo de niños de edades mixtas, pero si somos capaces de aplicar estas cinco ideas en casa, estaremos facilitando enormemente la normalización de nuestros hijos.

RESUMEN DEL CAPÍTULO 3

Las ideas principales que quiero que te lleves de este tercer capítulo son:

- Tanto si tus hijos van a una escuela Montessori como si no, el hecho de ofrecerles un «estilo de vida Montessori» va a tener un impacto enormemente positivo en su desarrollo y en su visión del mundo.

- La normalización se adquiere a través de la concentración en materiales manipulativos, escogidos libremente por el niño, que son apropiados para su edad y que atraen sus periodos sensibles.
- La normalización es más difícil de conseguir en casa, pero no imposible si tenemos en cuenta ciertas pautas, como organizar los juguetes, ofrecer materiales naturales, el ciclo de trabajo en tres partes, favorecer la motivación interna y ofrecer actividades de vida práctica.

4.
Quiero aplicar Montessori en casa, ¿por dónde empiezo?

En el capítulo 3 ya hemos visto algunas cosas que puedes hacer para integrar Montessori en casa, en concreto, para favorecer la normalización de tus hijos. Pero en este cuarto capítulo quiero darte una guía más amplia, una especie de mapa de ruta que te ayude a integrar Montessori en la crianza de tus hijos sin perder la cabeza por el exceso de información y sin perder de vista el objetivo global.

Como ya vimos en el capítulo 2, los tres pilares básicos de la pedagogía Montessori son el adulto preparado, el ambiente preparado y los materiales, así que voy a estructurar este capítulo en función de dichos pilares, haciendo especial hincapié en los dos primeros, que son los más aplicables y los más importantes en el entorno familiar.

Cuando termines con este capítulo vas a tener un plan de acción para empezar a implementar Montessori en casa —o continuar si ya lo estabas haciendo— con las ideas bien claras.

4.1. El adulto preparado

4.1.1. La transformación del adulto

Montessori es probablemente la pedagogía en la que más importancia se da a la preparación interna del adulto. No basta con adquirir unos conocimientos para ser guía Montessori, es necesario realizar una transformación en diferentes ámbitos: espiritual-emocional, intelectual, técnico y físico.

Tal como Maria Montessori afirma en *El niño: el secreto de la infancia*: «El adulto forma parte del entorno del niño; debe adaptarse a las necesidades del niño para no ser un obstáculo y para no sustituir al niño en las actividades esenciales para su crecimiento y desarrollo» (1968).

En el caso de los padres, no es estrictamente necesario que nos formemos como guías para integrar Montessori en nuestro estilo de crianza, pero sí que debemos llevar a cabo una transformación, aunque el peso de cada aspecto de dicha transformación va a ser diferente que en el caso de una guía. Yo diría que de los cuatro aspectos de la transformación hay dos especialmente importantes para los padres: el espiritual-emocional y el físico.

Transformación espiritual y emocional

Es el primer paso esencial que tenemos que dar en nuestra transformación, la piedra angular de Montessori. Sin esta transformación todo lo demás sirve de poco, así que te recomiendo que marques esta página porque posiblemente esta sea la parte más importante del libro.

Seguro que con esta introducción te ha entrado curiosidad, así que te cuento en qué consiste la transformación espiritual y emocional:

1. **El adulto debe dejar que el niño sea dueño de su aprendizaje.**

   Esto puede parecer fácil, pero como padres tendemos a emocionarnos cuando vemos que a nuestros hijos les interesa algo o están a punto de hacer un descubrimiento, y esa emoción nos lleva a querer intervenir, a querer participar de ese momento de aprendizaje y, a pesar de hacerlo con toda nuestra buena voluntad, le estamos robando al niño su aprendizaje. Nuestra labor en esos momentos es disfrutar desde fuera, o en todo caso participar, pero dejando que sea el niño quien dirija su propio aprendizaje.

2. **El adulto debe cambiar su actitud hacia el niño**, hacia la vida en general y hacia sí mismo, para lo cual debe desarrollar:

   * **Fe:** en el desarrollo del niño y en su bondad. Tener siempre claro que un niño que muestra un mal comportamiento no es malo, simplemente se ha encontrado con obstáculos en su desarrollo y ese comportamiento es una llamada de auxilio.
   * **Paciencia:** entender y aceptar el ritmo de cada niño.
   * **Perseverancia:** no darse por vencido cuando las cosas no salen bien.

- **Humildad**: ser capaz de admitir sus propios errores y admitir que el propio proceso de aprendizaje nunca termina.

3. **El adulto debe entender qué es la ira, saber gestionar** la suya propia y ayudar al niño a reconocerla y gestionarla. La ira generalmente aparece cuando nuestras necesidades no están cubiertas; si no somos capaces de reconocer esas necesidades y buscar la manera de satisfacerlas, tendemos a buscar un «culpable» sobre quien volcar nuestra ira.

4. **El adulto debe practicar la escucha activa:** esto es importante por varios motivos, pero me gustaría destacar dos:
   - Sentirse escuchado es el primer paso para que una persona se sienta valorada.
   - Si el niño no tiene un modelo de lo que es realmente escuchar, no será capaz de hacerlo con otras personas, e incluso perderá la capacidad de escucharse a sí mismo, a su guía interior.

Transformación física

Este sería el segundo nivel de transformación más importante para los padres, aunque muy lejos del que acabamos de ver.

Los padres somos los principales puntos de referencia y modelos de conducta para nuestros hijos, especialmente durante sus primeros años de vida, por lo que debemos prestar atención al ejemplo que les damos y al impacto que tiene nuestra actitud, nuestra apariencia y nuestro comportamiento. Algunos puntos a los que merece la pena prestar atención serían los siguientes:

- Mantener un **buen estado general de salud y energía.** Por una parte, por el hecho de predicar con el ejemplo, si queremos que nuestros hijos tengan hábitos saludables, es obvio que nosotros debemos tenerlos, y, por otra parte, porque si no estamos en un buen estado de salud y energía, es muy difícil que podamos ofrecer nuestra mejor versión de nosotros mismos a nuestros hijos –y al resto de las personas que nos rodean–. Así que la próxima vez que te sientas egoísta por querer dedicarte tiempo personal como, por ejemplo, darte un baño relajante o apuntarte a clases de yoga, piensa que no se trata de un acto egoísta ni de un capricho, sino de una inversión en bienestar que va a revertir no solo en ti, sino en todo tu entorno y especialmente en la relación con tus hijos.

- **Tono de voz.** Es importante que nuestros hijos vean cómo adaptamos nuestro tono de voz a cada situación, cómo susurramos cuando alguien está concentrado para no molestar y cómo nuestra voz es más fuerte cuando estamos en un lugar ruidoso o cuando hablamos en público y necesitamos que nuestra voz sea escuchada por todos. Esta diferencia entre voz de interior y voz de exterior se trabaja mucho en los ambientes Montessori, al igual que la diferencia entre pisadas de interior y pisadas de exterior (dentro de casa caminamos despacio y silenciosamente, mientras que en la calle podemos correr).

- **Movimientos.** El control del cuerpo es una parte importante del desarrollo, y en Montessori se trabaja constantemente, pero no podemos exigir a los niños que controlen sus movimientos si no les mostramos cómo hacerlo. Como adultos tenemos la responsabilidad de mostrar a nuestros hijos cómo nos movemos de una manera consciente y grácil. Esto es algo que debemos incorporar a nuestra propia forma de movernos si no lo veníamos haciendo ya, porque de nada sirve mostrar a un niño cómo llevar una silla de un lugar a otro sin hacer ruido –una típica presentación de vida práctica– si luego en el día a día arrastramos las patas de la silla cada vez que la movemos.

- **Apariencia.** Las guías Montessori tienen que cuidar su apariencia física para evitar que suponga una distracción, por ejemplo, no pueden llevar ropa extravagante, peinados o maquillaje llamativos, uñas pintadas, etcétera. En nuestro caso, como padres, no es necesario llegar tan lejos, por ejemplo, si no vamos a realizar una presentación de un material no es estrictamente necesario que llevemos las uñas sin pintar, pero sí es recomendable que prestemos atención a nuestra apariencia física y seamos conscientes de que en este aspecto también somos un modelo para nuestros hijos.

Transformación intelectual

Para apoyar el desarrollo del niño debemos entender cómo funciona; además de aprender y aplicar los principios de la filosofía Montessori, el adulto debe aprender continuamente sobre desarrollo humano, neurociencia y otras áreas relacio nadas. Nuestro aprendizaje como adultos debe ser continuo, pero esto no significa que debamos estar continuamente formándonos como lo haría un profesional, se trata más bien de estar alerta ante la información que podamos ir recibiendo, y tener esa actitud de humildad que nos permita abrir nuestra mente para seguir aprendiendo e incluso para replantearnos ideas o creencias que teníamos arraigadas y que con una nueva información empiezan a tambalearse.

Transformación técnica

Este nivel de transformación es, según mi forma de ver, el menos necesario en un entorno familiar, a menos que vayamos a optar por hacer *homeschooling* (escuela en casa) o queramos utilizar materiales Montessori para apoyar en casa lo que nuestros hijos aprenden en el colegio. Esta transformación consiste en lo siguiente:

- **El adulto debe saber cuándo intervenir y cuando no hacerlo.** Debe ser capaz de mantener el equilibrio entre libertad y responsabilidad.
- **Trabajar con los materiales para conocerlos bien**, entender qué ofrecen al niño y manejarlos con precisión. El adulto debe sentirse tan cómodo con los materiales que en el momento de presentarlos toda su atención pueda estar centrada en la reacción del niño.
- También debe saber **identificar el momento ideal para presentarlos a cada niño.**

Como ves, **los aspectos espiritual-emocional y físico son los que mejor podemos trabajar como padres** y los que mayor impacto van a tener en nuestra relación con nuestros hijos. El aspecto intelectual, y especialmente el técnico, están genial si queremos y podemos ir más allá, pero no son esenciales si no queremos convertirnos en guías Montessori.

Te propongo un ejercicio práctico: «Aprender a observar»

Instrucciones: En un momento en que dispongas de al menos quince minutos, dedícate a observar a tu hijo; si quieres, puedes tener a mano una libreta y un bolígrafo para anotar aquello que te resulte interesante. Durante esos quince (o más) minutos no hagas otra cosa que observar a tu hijo, poniendo toda tu atención, sin juzgar, sin intervenir, sin ponerte a pensar en eso que te ronda la cabeza, sin mirar el móvil, sin distraerte... Es prácticamente un ejercicio de *mindfulness.*

Si te parece que este ejercicio es tan fácil que puedes saltártelo, te invito a que lo pienses dos veces. Puede parecer que observar es algo que todos podemos hacer, pero te aseguro que cuando hagas este ejercicio te darás cuenta de que es una habilidad que en general tenemos muy desentrenada. Tal vez en esos quince minutos tu hijo haga algo maravilloso y te resulte fácil continuar observándolo sin distraerte, o tal vez pases quince minutos viendo a tu hijo hacer una tarea que para ti resulta absolutamente tediosa. Observar requiere paciencia, una cualidad que en estos tiempos de prisas e inmediatez empieza a brillar por su ausencia.

En la formación para ser guía Montessori se realizan ejercicios de este tipo para entrenar la capacidad de observación, y personalmente creo que todos los padres y madres también deberíamos hacerlos. Si somos capaces de observar a nuestros hijos, observarlos de verdad, conseguiremos identificar sus necesidades, sus intereses, sus talentos y los obstáculos con los que se están encontrando para su desarrollo, y con esa valiosísima información seremos más capaces de satisfacer esas necesidades, apoyar esos intereses y eliminar o reducir esos obstáculos.

4.1.2. Los principios básicos de la filosofía Montessori y cómo ponerlos en práctica

Castigos, premios y elogios

Este es un tema que no deja indiferente a nadie. Me encuentro con familias que me dicen: «Pero es que si no utilizo premios ni castigos, ¿cómo van a aprender mis hijos lo que está bien y lo que está mal?», «Y cuando mis hijos hacen algo bien, ¿cómo no voy a elogiarlos?, ¿qué hay del refuerzo positivo?»; otras, en cambio, están de acuerdo con el enfoque, pero ven muy difícil aplicarlo: «Si nosotros intentamos evitar los castigos y los premios, pero al final los niños solo nos hacen caso cuando los utilizamos...». Sea cual sea tu caso, espero que con lo que voy a contarte te convenzas de que los premios, los castigos y los elogios no tienen más que efectos negativos.

El hecho de no ofrecer premios o recompensas ni de aplicar castigos tiene como objetivo favorecer la automotivación y la autodisciplina en el niño, es decir, que el niño haga las cosas por su propia satisfacción en vez de hacerlo para conseguir un premio o evitar un castigo.

Pero el hecho de no castigar un mal comportamiento no significa dejar que los niños se vayan de rositas. En vez de castigos utilizamos consecuencias lógicas y naturales, que aunque pueden parecer lo mismo envían un mensaje muy diferente. El **castigo** es algo impuesto de manera externa, mientras que la **consecuencia** es algo que va asociado de manera natural al acto en cuestión.

Vamos a verlo con un ejemplo:

EJEMPLO: El niño se niega a recoger sus rotuladores después de dibujar, ¿cómo reaccionamos?

A. «Vete a tu cuarto y *no puedes volver a utilizar los rotuladores en dos días*» (**castigo** que nosotros imponemos y que es arbitrario).

B. «Si no recoges los rotuladores y los dejas destapados *se secarán y ya no podrás volver a dibujar con ellos*» (**consecuencia** directa de sus actos).

Los **premios** no son tampoco una buena idea, y si queremos recompensar de alguna manera un buen comportamiento, también debemos hacerlo de modo que el niño perciba la recompensa como algo inherente al acto que la ha ocasionado, a veces es solo una cuestión de modificar nuestro lenguaje.

EJEMPLO: El niño se hace el remolón a la hora de ponerse el pijama, lavarse los dientes, etcétera, ¿cómo reaccionamos?

A. «Si te pones el pijama, *te dejo jugar un rato* antes de irte a la cama» (el niño percibiría eso como una **recompensa** que nosotros le damos).

B. «Si te pones el pijama, *tendrás tiempo de jugar un rato* antes de irte a la cama» (en este caso lo percibirá como una **consecuencia** lógica de sus actos).

La diferencia puede parecer sutil, pero ¡es muy poderosa!

Una de las principales desventajas de las consecuencias lógicas es que no siempre funcionan a corto plazo, y eso es lo que hace que muchos padres terminen cayendo de nuevo en los premios y castigos. Pero cuando estés en una de esas situaciones, párate a pensar si para ti es más importante que tus hijos modifiquen su comportamiento a corto plazo o que generen a largo plazo una disciplina interna que los acompañará toda su vida.

¿Y qué hay de los elogios?

El hecho de elogiar a los niños puede parecer positivo inicialmente, porque nos da la falsa impresión de que estamos fomentando su autoestima y la confianza en sí mismos. Pero si nos paramos a pensarlo con detenimiento enseguida nos daremos cuenta de que a largo plazo el efecto puede ser precisamente el contrario: estamos creando en el niño una necesidad de aprobación externa de la que va a depender el resto de su vida para valorar si su trabajo es bueno. Estamos eliminando su capacidad de automotivación, tal como lo confirman varios estudios (Mueller y Dweck, 1998).

¿Cómo va a sentirse alguien satisfecho con su trabajo si no es capaz de valorarlo por sí mismo?

En Montessori no se elogia a un niño cuando hace bien un trabajo, al igual que no se le corrige cuando lo hace mal. Para eso existe el *control de error*, que está presente en la mayoría de las actividades y materiales y ayuda al niño a darse cuenta de si ha realizado la actividad correctamente o no. Normalmente el niño no espera nuestro reconocimiento y no tiene sentido dárselo, por mucho que nos apetezca celebrar sus logros.

Lo peor de los elogios es que crean adicción, tanto en el adulto como en el niño. Como padres nos sentimos bien cuando elogiamos a nuestros hijos porque expresamos lo orgullosos que nos sentimos de ellos, y ellos a su vez se sienten bien porque reciben nuestra aprobación. Pero elogio tras elogio conseguimos que el principal objetivo del niño no sea realizar un trabajo o mostrar un determinado comportamiento por su propia satisfacción, sino por la agradable sensación de recibir un elogio después. A final el elogio se vuelve tan importante que el trabajo y el esfuerzo realizado pasan a un segundo plano.

Pero entonces… ¿cómo reaccionar cuando un niño nos muestra un trabajo bien hecho? En este caso el niño espera alguna reacción por nuestra parte –posiblemente porque ya está acostumbrado a recibir elogios–. Pero nuestra reacción no tiene por qué consistir en un «¡Muy bien!», «¡Qué listo eres!», o en un aplauso. Hay otras alternativas, como estas diez frases:

1. «**¡Hummm!**»: esta es la reacción comodín; cuando no sabemos qué decir, es mejor esto que un elogio. Mostramos interés por lo que el niño nos está enseñando y esperamos a ver si nos cuenta más.

2. «**¡Vaya! ¿Qué es eso que has hecho? ¡Cuéntame!**»: el niño ve que nos interesamos y seguramente estará encantado de darnos más detalles.

3. «**Te has esforzado mucho para hacer esto, ¿verdad?**»: en vez de centrarnos en el resultado nos centramos en el esfuerzo y fomentamos la motivación interna del niño.

4. «**¡Se te ve muy feliz! ¿Estás contento de haber conseguido hacer esto?**»: nuevamente nos centramos en su sensación de logro y en su automotivación.

5. «**Veo que has...**»: simplemente describimos lo que ha hecho, estamos reconociendo su trabajo pero de una manera neutral.

6. «**¡Lo has conseguido!**»: cuando somos conscientes del gran esfuerzo que le ha costado conseguir algo, es una buena ocasión para reaccionar más efusivamente.

7. «**¡Fíjate! ¡Antes no podías hacer esto y ahora sí!**»: nos centramos en el hecho de que el niño está creciendo, aprendiendo y superándose a sí mismo.

8. «**¡Gracias! ¡Me gusta que hayas hecho esto para mí!**»: cuando el niño ha hecho algo para regalárnoslo, por supuesto hay que agradecérselo.

9. «**¡Esto no lo habías hecho nunca! ¿Cómo has aprendido?**»: en este caso le damos valor al proceso de aprendizaje.

10. «**Me gusta lo que has hecho, ¿podrías enseñarme a hacerlo?**»: con esta reacción le estamos enviando al niño el mensaje de que su trabajo nos gusta tanto que nos gustaría aprender a hacerlo, y que él tiene la capacidad de enseñarnos.

Cambiar los habituales elogios por este tipo de frases requiere práctica porque estamos más acostumbrados a los tradicionales elogios y somos adictos a ellos, así que al principio suele quedarnos la impresión de que nos falta algo cuando no elogiamos el trabajo del niño. Incluso a un niño acostumbrado a recibir elogios puede resultarle extraño y puede seguir buscando nuestra aprobación, pero el proceso de «desintoxicación de los elogios» merece la pena.

Es posible que como efecto secundario de esta desintoxicación empieces a notar que no dependes tanto del reconocimiento de tus compañeros o amigos, de la palmadita en la espalda de tu jefe y, en general, de la aprobación externa de otras personas para sentir la satisfacción de que has hecho algo bien. Ya te dije que Montessori termina por impregnar tu estilo de vida.

Concentración

Ya hemos visto que la concentración es uno de los pilares básicos en Montessori y, además, el paso previo e imprescindible para llegar a la normalización.

Una de las normas en un ambiente Montessori es «nunca se debe interrumpir el trabajo de un compañero». Cuando interrumpimos el trabajo de una persona, ya sea niño o adulto, estamos enviándole el mensaje de que lo que está haciendo no es valioso, o al menos no tan valioso como el motivo que nos lleva a interrumpirlo.

Es bastante común, sobre todo en el caso de los bebés y de los niños pequeños, dar por hecho que cualquier cosa que estén haciendo no es suficientemente importante como para no ser interrumpida.

Un ejemplo que todos hemos vivido: un bebé está tumbado observando un móvil, o sus manos, o el reflejo de la luz en la pared, o cualquier cosa que en ese momento esté atrayendo su atención, y es interrumpido por un adulto que (con la mejor intención del mundo) empieza a mover un sonajero o a llamarlo por su nombre para atraer su atención. Esta interrupción está impidiendo que el bebé desarrolle su capacidad de atención, y lo ha distraído de algo que tenía una importancia mucho mayor de lo que mucha gente imagina, algo en lo que estaba trabajando.

Sí, los bebés y los niños trabajan constantemente y, además, se trata de un trabajo de suma importancia, ya que el objetivo final es la construcción de sí mismos, por eso Maria Montessori era partidaria de llamar «trabajo» y no «juego» a lo que hacen los bebés y los niños, para darle la importancia que se merece.

Algo que todos deberíamos plantearnos antes de interrumpir a un niño o a un bebé es: «¿Realmente necesito interrumpirlo?», y si la respuesta es no, lo mejor es dejar que el niño aproveche y refuerce su capacidad de concentración.

Por si la normalización no fuera un argumento suficientemente convincente, el psicólogo Mihály Csíkszentmihályi (2014) nos da otra buena razón para cuidar y respetar la concentración como un preciado tesoro: el concepto del *flow* o «fluir», un estado en el que la persona está absorta en una actividad que le produce gran satisfacción, con tal concentración que incluso pierde el sentido del tiempo y de los estímulos externos.

Al parecer hay una relación directa entre nuestra capacidad para vivir experiencias de *flow* y nuestra felicidad. Se trata de una felicidad retrospectiva, es decir, no la sentimos en el momento, sino cuando salimos del estado de ensimismamiento y concentración.

Maria Montessori observó este fenómeno y habla de él en *El niño: el secreto de la infancia*: «El niño era atraído por un objeto, fijaba sobre él toda su atención, y se ponía a trabajar sin descanso, con una concentración sorprendente. Y después de trabajar, entonces aparecía satisfecho, feliz y reposado» (1968). Esto es exactamente a lo que se refiere Mihály Csíkszentmihályi cuando habla del *flow*.

Me atrevería a decir que ahora mismo estás pensando cómo puedes conseguir entrar en ese estado de *flow* y experimentar esa sensación de felicidad, ¿me equivoco? Vamos a ver qué características debe tener una actividad para convertirse en una experiencia *flow*:

• Las metas y las reglas deben ser claras y realistas de acuerdo con nuestras capacidades.

- Debe producirse una concentración intensa en un campo de atención limitado.
- Pérdida de la autoconciencia, al fundirse la acción y la conciencia.
- Sentido del tiempo distorsionado.
- Retroalimentación directa e inmediata, es decir, los éxitos y los fracasos son evidentes y nos permiten ir ajustando el comportamiento sobre la marcha.
- Mantener el equilibrio entre la habilidad y el reto.
- Sensación de controlar personalmente la situación o la actividad.
- La actividad es intrínsecamente gratificante.
- Cuando entramos en el estado de *flow* la acción se lleva a cabo sin esfuerzo.

Si te fijas, casi todas las características con que Csíkszent-mihályi define una experiencia *flow* son similares a las características presentes en las actividades, el trabajo y la concentración que se fomentan en un entorno Montessori. Curioso, ¿verdad?

Libertad y límites

Libertad y límites en Montessori, no sé cuántas veces me han preguntado sobre este tema... Cuando empiezas a leer o escuchar cosas sobre Montessori pero todavía no has profundizado mucho suele surgirte una de estas dos preguntas:

- «Pero ¿en Montessori los niños hacen lo que les da la gana?».
- «Pero ¿Montessori no es muy estricto porque hay que seguir un montón de normas?».

Como ves, son dos visiones diametralmente opuestas, y ninguna de las dos es completamente cierta. En Montessori los niños tienen libertad, pero no hacen lo que «les da la gana», porque también tienen límites. Y no, no hay que seguir un montón de normas, se trata de pocas normas, pero muy claras y de sentido común; los niños entienden que respetar esas normas es necesario para respetar a sus compañeros, al entorno y a ellos mismos.

Maria Montessori decía que libertad y disciplina son dos caras de una misma moneda; no puedes tener una sin la otra. Y creo que dio en el clavo. La libertad sin disciplina conduce a algo parecido al caos. Y la disciplina sin libertad nos lleva a la represión. No queremos ninguna de esas dos opciones, así que nos toca buscar el equilibrio entre libertad y disciplina, o libertad y límites, y créeme que no es tan difícil como parece.

Seguro que más de una vez has escuchado que los niños necesitan límites porque les dan seguridad. Los adultos también los necesitamos, pero en el caso de los niños pequeños todavía necesitan que los límites los establezca otra persona, y a medida que van creciendo van siendo capaces de establecer también sus propios límites.

En un ambiente Montessori hay una manera muy clara de mantener el equilibrio entre libertad y límites: el ciclo de trabajo en tres partes, del que ya te he hablado. En cada una de las tres partes está implícita la libertad y el límite; vamos a verlo:

El ciclo de trabajo en tres partes
- Parte 1: puedes elegir cualquier material que ya se te haya presentado y que esté disponible.
- Parte 2: puedes trabajar con el material elegido todo el tiempo que quieras (durante el periodo de trabajo de tres horas) siempre que le des un uso adecuado.
- Parte 3: cuando termines, debes devolver el material a su lugar tal como lo encontraste.

¿Ves claramente dónde está la libertad? ¿Y los límites? Si te fijas, no se utiliza la palabra «no» en ningún momento, los límites están tan integrados dentro de la libertad que no es necesario exponerlos en forma de sermón para que los niños los entiendan.

Tal vez el ciclo de trabajo en tres partes no siempre sea aplicable en nuestro entorno familiar, pero una vez que entendemos las claves que hacen que esto funcione podremos llevarlas a cualquier contexto. Veamos esas tres claves:

1. Los límites nos son arbitrarios, tienen sentido y podemos explicar fácilmente a un niño que un límite está ahí por seguridad o por respeto. Tal vez los más pequeños no lo entiendan al principio, pero ahí entra la siguiente clave.

2. Las normas o límites son iguales para todos, incluidos los adultos. Si los niños ven que todos respetamos las mismas normas, entenderán que ellos también deben respetarlas.

3. Al exponer los límites en positivo, damos la información de lo que sí se puede hacer y obviamos todo lo que no se puede hacer, por ejemplo: «Solo estamos de pie en el suelo» en vez de: «No nos ponemos de pie en la mesa», «No nos ponemos de pie en el sofá», «No nos ponemos de pie en la cama»...

En la teoría suena fácil, otra cosa es la práctica, ¿verdad? Al igual que con el tema de los premios, los castigos y los elogios, se trata de tomar conciencia y cambiar nuestros hábitos. Al principio cuesta, como cualquier cambio, pero con la práctica terminará saliéndote de forma natural.

Resolución de conflictos

Montessori favorece un entorno pacífico y tranquilo, pero eso no significa que no se produzcan conflictos. Las diferencias de opiniones son parte de las interacciones humanas y son necesarias y positivas, pero es importante tener herramientas para resolver los conflictos de una manera amistosa.

Normalmente se puede resolver un conflicto de tres maneras:

• Negociación: las personas implicadas en el conflicto son capaces de resolverlo amistosamente entre ellas.

• Mediación: una tercera persona imparcial ayuda a las dos personas implicadas a resolver el conflicto.

• Arbitraje: si el conflicto no se resuelve mediante negociación ni mediación, los implicados piden ayuda a una tercera persona imparcial que tomará una decisión que debe ser respetada por los implicados.

Lo ideal es no tener que llegar al arbitraje, sino resolver el conflicto mediante negociación o mediación.

Con niños más pequeños (menores de tres o cuatro años) o poco habituados a resolver conflictos de una manera independiente, en muchas ocasiones va a ser necesaria la mediación o incluso el arbitraje, pero a medida que vayan conociendo y haciendo uso de las herramientas que voy a proponerte, serán capaces de resolver sus diferencias cada vez con menor intervención externa.

Podríamos decir que en Montessori hay tres tipos de herramientas para resolver conflictos:

1. La mesa de la paz: se trata de un lugar en el que los niños (y también los adultos) pueden hablar civilizadamente para intentar resolver un conflicto. Puede haber tantas variaciones de la mesa de la paz como escuelas y familias, de hecho, lo único realmente imprescindible en una mesa de la paz es el objeto que actuará como mediador y que, a ser posible, será un objeto que simbolice la paz. La persona que tiene el objeto en las manos es la que puede hablar, y la otra persona debe escuchar sin interrumpir hasta que sea su turno. El hecho de respetar el turno de palabra es un punto clave para resolver el conflicto.

En la mesa de la paz es importante formular las frases de manera adecuada para resolver el conflicto:

- Empezar las frases por «yo» en vez de por «tú». Por ejemplo: «Me ha molestado que tires el lápiz verde al suelo» en vez de: «Tú has tirado el lápiz verde».
- Describir la situación en vez de juzgar. Por ejemplo: «Las cosas se rompen si las tiramos al suelo» en vez de: «Siempre estás rompiéndolo todo».
- Expresar lo que necesitamos de una forma positiva. Por ejemplo: «Sería genial si tratas las cosas con más cuidado» en vez de: «No tires las cosas al suelo».

No es algo que funcione de forma mágica de un día para otro, sino que lleva tiempo y práctica, y su éxito también depende del desarrollo del lenguaje de los niños, por lo que con niños muy pequeños casi siempre será necesario un mediador que los ayude a verbalizar cómo se sienten.

2. El mensaje en tres partes: esta herramienta es útil para dar a los niños la capacidad de defenderse ante un comportamiento negativo sin tener que recurrir a la violencia. Cuando un niño se siente atacado puede utilizar el mensaje en tres partes, en el que nombra el problema, explica cómo se ha sentido y deja claro que no quiere que se repita.

Vamos a ver un par de ejemplos de mensajes en tres partes:

«Me has llamado de una manera que no me gusta. Eso me molesta. Puedes llamarme por mi nombre».

«Me has golpeado. Eso me ha dolido. No vuelvas a hacerlo».

Después, el niño se retira y se pone a hacer otra cosa. El niño que le había ofendido capta el mensaje perfectamente, ya sabe que lo que ha hecho está mal y sus compañeros no aceptan ese comportamiento. En caso de que siga actuando de la misma manera, ya sería necesaria la intervención de un adulto.

3. Lecciones de modales, gracia y cortesía: algunos conflictos se producen sencillamente porque los niños todavía no conocen las reglas básicas de cortesía, y por eso hay una parte dentro del área de vida práctica llamada gracia y cortesía.

Al presentar a los niños lecciones como «Disculparse para pasar», «Disculparse para interrumpir», «Taparse la boca al toser o estornudar», «Observar el trabajo de un compañero sin interrumpir», «Explicar a alguien que estoy ocupado y no puedo hablar en este momento», y todas aquellas situaciones que puedan generar un conflicto, estamos mostrándoles la manera de evitar dicho conflicto de una manera educada y diplomática.

Estas lecciones pueden presentarse anticipándonos a una situación, o bien cuando ya se ha producido un conflicto, pero en este último caso no haremos la presentación en ese momento, sino en otro momento del día aislado del incidente; de este modo el niño no lo tomará como una reprimenda, sino como una oportunidad de aprender.

Muchas de las reglas básicas de cortesía se aprenden en el entorno familiar sin necesidad de presentarlas de manera estructurada, por ejemplo, un niño que come con su familia y ve que sus padres mastican con la boca cerrada probablemente no necesite una presentación de cómo masticar con la boca cerrada, pero hay ciertas situaciones que tal vez no son tan habituales y es interesante presentárselas a nuestros hijos para que sepan cómo actuar cuando se encuentren con ellas.

Imaginación y fantasía

Un tema que suele provocar confusión y controversia es el enfoque de la fantasía en Montessori.

Lo primero que debemos tener en cuenta es que no es lo mismo imaginación que fantasía. La imaginación nace en la mente del niño, es algo que él crea a partir de la información que tiene, mientras que la fantasía es algo que ha nacido de la imaginación de otra persona y que transmitimos al niño desde fuera.

En Montessori no se rechaza el uso de la imaginación, es más, se favorece, pero sí se evita que los niños menores de cinco o seis años estén expuestos a la fantasía, porque hasta esa edad el niño tiene la necesidad de aprender a través del mundo real, no necesita la fantasía ni para aprender ni para desarrollar su imaginación, como erróneamente se cree. De hecho, la fantasía puede resultar perjudicial en ese primer plano del desarrollo, ya que la mente del niño todavía no tiene capacidad de pensamiento abstracto, y en ocasiones no es capaz de diferenciar lo que es real de lo que es ficción.

Generalmente somos los adultos los que tenemos esa necesidad de ofrecer fantasía a nuestros hijos, porque pensamos erróneamente que tenemos que contarles cuentos de hadas cuando son pequeños y todavía creen en ellos, cuando es precisamente al contrario; deberíamos esperar a que su mente esté preparada para disfrutar de un cuento de hadas sabiendo que es ficción.

Maria Montessori lo expresaba así en *The Advanced Montessori Method*: «¿Cómo puede desarrollarse la imaginación de los niños a través de lo que es, por el contrario, el fruto de nuestra imaginación? Somos nosotros los que imaginamos, no ellos. Ellos creen, no imaginan. La credulidad es, ciertamente, una característica de una mente inmadura [...]. ¿Es entonces la credulidad lo que deseamos desarrollar en nuestros niños?» (2012).

Leyendo esto debes estar pensando que hoy en día es casi imposible conseguir que un niño no esté expuesto a fantasía hasta los cinco o seis años, y tienes razón, es muy difícil, prácticamente imposible. Pero eso no significa que no hagas todo lo que esté en tu mano para equilibrar la balanza hacia el lado de la realidad. Puedes hacerlo cuando selecciones el tipo de libros que ofreces a tus hijos, decantándote por aquellos que tengan imágenes e historias reales, hablando con ellos de aquello que os rodea y que podéis ver y tocar, ofreciéndoles experiencias en el mundo real y respondiéndoles con sinceridad cuando te hagan preguntas.

4.2. El ambiente preparado

No voy a detenerme en detalles concretos de cómo crear un ambiente preparado en casa estancia por estancia, pero sí que quiero darte unas nociones generales que debes tener en cuenta.

El ambiente preparado en el hogar debe cumplir los siguientes requisitos:

- **Ser seguro para el niño.** Este punto es esencial, cuando tengas dudas entre dos opciones, mi recomendación es que des prioridad a la seguridad.
- **Promover la independencia del niño.** Una manera de conseguir esto –además de con nuestra actitud, de la que ya te he hablado largo y tendido– es ofreciéndole un ambiente que le permita desenvolverse con la menor ayuda necesaria por nuestra parte; por ejemplo, poniendo a su alcance los utensilios que necesite para su cuidado personal y el cuidado del entorno, teniendo en cuenta que dichos utensilios tengan un tamaño adecuado, pero sin dejar de ser funcionales (por ejemplo, en vez de ofrecerle herramientas de jardinería de juguete que apenas cumplen con su función, busquemos herramientas reales, pero de tamaño pequeño. Hace unos años había que buscar bastante, pero cada vez es más fácil encontrar este tipo de cosas).
- **Hacer que el niño se sienta como una parte importante** dentro de la familia, capaz de contribuir en las actividades familiares, lo que potenciará su autoestima.

• **Ser agradable, ordenado, limpio**, para que el niño aprenda a apreciar estas cualidades y a mantenerlas en su entorno. En este punto es en el que entrarían detalles como la elección de juguetes fabricados con materiales naturales, que sean sencillos y permitan al niño utilizarlos de diferentes maneras (al contrario que esos juguetes que hacen de todo y el niño solo tiene que sentarse a mirar), evitar un exceso de juguetes, asignar un lugar a cada cosa para facilitar el orden, etcétera.

• **Favorecer la concentración.** Esto puede conseguirse ofreciendo al niño un espacio donde pueda jugar y trabajar sin interrupciones y, por supuesto, poniendo a su alcance actividades y materiales que le resulten atractivos y le inviten a trabajar con ellos con toda su atención.

Te propongo un ejercicio práctico: «Recorrer la casa a gatas»

Este va a ser el primer paso para crear o mejorar el ambiente preparado en nuestro hogar. Se trata de un ejercicio que todos los padres deberíamos hacer de vez en cuando para ver cómo es nuestro hogar «a vista de niño».

Es ideal hacerlo si estamos esperando un bebé, o si tenemos un bebé muy pequeño, para poder adaptar la casa antes de que empiece a explorarla. También es importante hacerlo a medida que el niño va creciendo, ya que es capaz de alcanzar más cosas y, por otra parte, van cambiando sus intereses y necesidades y su capacidad de identificar posibles peligros. Y si tienes dos o más hijos, recuerda que tienes que intentar que el ambiente preparado se adecúe a las necesidades de los dos.

Vamos allá:

1. Coge un papel y dibuja un plano de tu casa, no es necesario que esté hecho perfectamente a escala, pero sí que se vean las diferentes estancias, las puertas, muebles, etcétera.

2. Recorre la casa a gatas. Te recomiendo empezar por la habitación de tus hijos, para imaginarte lo que van encontrando un día cualquiera desde el momento en el que se levantan de la cama. Mientras lo haces, intenta identificar y anotar en el plano lo siguiente:

   • Posibles **peligros** que pueda encontrar el niño: enchufes, cajones o armarios con contenido peligroso (medicamentos, productos de limpieza, etcétera), puertas que puedan pillarle los dedos, etcétera.

   • **Obstáculos** que dificulten la independencia del niño (difícil acceso a sus juguetes o libros, a su ropa, a los interruptores de la luz, al lavabo, a sus platos y cubiertos, etcétera).

3. Una vez hecho esto, piensa en cómo podrías resolver cada una de las cosas que has anotado. Si te parece que tienes muchas cosas que cambiar o mejorar, establece prioridades y plantéate ir haciendo los cambios poco a poco, empezando por los más urgentes o necesarios.

Cambios en el ambiente preparado a partir de los seis años

Para los mayores de seis años el ambiente preparado debe cumplir también los puntos que he comentado, y es necesario tener en cuenta las diferencias que hay entre el primer y el segundo plano del desarrollo.

Uno de los cambios evidentes en el ambiente preparado es que posiblemente no tengas que preocuparte tanto por la accesibilidad, ya que un niño de seis o más años, por su altura, puede alcanzar más fácilmente el lavabo, su ropa, sus libros, etcétera. Pero hay otros cambios no tan evidentes.

Por ejemplo, el orden es crucial en el entorno de un niño menor de seis años, mientras que a partir de esa edad el niño ya tiene interiorizado el orden interno en su cerebro; no significa que no necesite un ambiente ordenado, pero ese orden puede ser más flexible. Esto se traduce en que a un niño menor de seis años deberíamos ofrecerle en un mismo espacio –por ejemplo, una bandeja– todos los objetos que va a necesitar para realizar una actividad y, a ser posible, colocados en el orden en que va a necesitarlos. En cambio, un niño mayor de seis años puede recopilar los utensilios y materiales que necesita aunque estén guardados en lugares diferentes, ya no necesita que ese orden le venga dado desde el entorno, es capaz de generarlo por sí mismo.

Otro punto importante en esta etapa es el hecho de que el ambiente preparado ya no se limita al entorno más inmediato, sino que se extiende más allá del hogar y de la escuela. Tenemos que estar preparados para ofrecer a nuestros hijos la capacidad de descubrir y experimentar el mudo real más allá de la familia.

A partir de los seis años también apreciarás que tus hijos tienen una sed insaciable de conocimiento, pues su mente ahora es razonadora, y con esa nueva capacidad de pensamiento abstracto se abren ante ellos posibilidades infinitas de aprendizaje. También tenemos que responder a esa necesidad ofreciendo a nuestros hijos respuestas a sus preguntas cuando las tengamos, y animarlos a que investiguen y encuentren otras posibles respuestas.

4.3. Actividades y materiales en casa

Quiero empezar este capítulo recordándote una cosa: ya te he comentado a lo largo del libro que las actividades y los materiales Montessori son la parte más alta de la pirámide, que se asienta en el ambiente preparado y en el adulto preparado, así que espero que sigas mi recomendación y hagas un profundo trabajo de transformación personal y de transformación del ambiente antes de plantearte introducir materiales Montessori en tu hogar. Es posible que estés deseando comprar la Torre Rosa y pienses que soy una aguafiestas, pero tenía que recordártelo.

Incluso habiendo realizado ese trabajo de transformación, hay situaciones en las que considero que tener materiales en casa no es necesario e incluso puede ser contraproducente. Por ejemplo, si tus hijos van a una escuela Montessori, ya disponen de todos los materiales allí, de hecho, es posible que su guía te recomiende que no tengas esos mismos materiales en casa porque, por una parte, puedes causar confusión en el niño si se los presentas de forma diferente y, por otra parte, tu hijo va a perder interés en esos materiales si sabe que también los tiene en casa.

Si tus hijos van a una escuela que no es Montessori, puede ser una buena idea ofrecerle en casa materiales Montessori que apoyen lo que aprende en el colegio o bien que favorezcan otros aprendizajes diferentes a los que realiza en el colegio, pero en este caso debes tener cuidado con aquellos materiales o actividades que puedan provocar confusión. Un ejemplo que a menudo me han comentado es el de los materiales para la lectoescritura; el método Montessori para aprender a leer y escribir es fonético, así que si en el colegio de tu hijo utilizan otro método como, por ejemplo, el silábico, es importante que lo tengas en cuenta y observes si para tu hijo resulta confuso el hecho de mezclar ambos métodos.

Y una tercera situación sería que hagáis *homeschooling*, en cuyo caso creo que es perfecto que quieras utilizar materiales Montessori, eso sí, te recomiendo que te formes para poder presentárselos a tus hijos de la manera correcta.

Una vez dicho esto, hay muchas actividades que puedes ofrecer a tus hijos en casa sin disponer de materiales Montessori. Me refiero principalmente a las actividades del área de vida práctica, que son perfectamente adaptables al entorno familiar, pero también se pueden «montessorizar» otras actividades, materiales o juguetes que no sean estrictamente Montessori. Puedes hacerlo siguiendo los siguientes puntos.

Control de error

Intenta que las actividades o los juguetes que ofrezcas a tus hijos incluyan un control de error claro. Esto va a permitirles trabajar de manera autónoma sin depender de que un adulto les diga si lo han hecho bien o mal, ellos mismos van a darse cuenta del error y van a buscar la manera de corregirlo.

Un buen ejemplo sería un puzle; si alguna pieza no está en su lugar, no se puede ver la imagen correctamente, el niño ve que algo falla, no necesitamos corregirlo.

Aislar conceptos

Una característica de las actividades y los materiales Montessori es que generalmente se trabaja en un solo concepto o habilidad, para permitir que el niño centre su atención en ese concepto o habilidad y no se distraiga.

Un claro ejemplo sería la Torre Rosa; se trata de un conjunto de diez cubos de madera pintados todos de color rosa, solo se diferencian en el tamaño, el cubo más pequeño mide 1 cm^2 y cada cubo es 1 cm^2 más grande que el anterior. De este modo, con este material aislamos un concepto: el tamaño, el niño centra su atención en ese concepto, ya que es el único que diferencia unos cubos de otros (además del peso, obviamente).

Si cada cubo fuera de un color diferente, de un material diferente, o incluso si no todos fueran cubos sino que se tratase de formas diferentes, no estaríamos aislando el concepto del tamaño.

Lección en tres periodos

La lección en tres periodos fue utilizada inicialmente por Édouard Séguin en el siglo XIX y posteriormente adoptada por Maria Montessori. Es la manera habitual de presentar nuevos conceptos y el vocabulario asociado a ellos.

La mejor manera de ver en qué consiste la lección en tres periodos es con un ejemplo. Imagina que vamos a presentar tres objetos: un círculo, un triángulo y un cuadrado (a ser posible del mismo material y color, para aislar el concepto que estamos presentando). Lo haríamos así:

Primer periodo: damos la información al niño.

- Cogemos el círculo y decimos: «Esto es un círculo».
- Se lo ofrecemos al niño y repetimos «círculo» mientras lo examina. Es posible que lo repita.
- Ponemos el círculo en la alfombra.
- Repetimos con el cuadrado y el triángulo.

Segundo periodo: damos el vocabulario al niño y le pedimos que identifique el objeto correspondiente.

- Pedimos al niño que señale o que coja el cuadrado: «¿Puedes señalar el cuadrado?».
- Si señala otra forma, la señalamos y decimos el nombre correcto de esa forma, la cogemos, la examinamos y se la ofrecemos al niño. Después señalamos el cuadrado y decimos «cuadrado», lo cogemos, lo examinamos y se lo ofrecemos al niño. Es muy importante hacerlo así para que el niño no sienta que le estamos corrigiendo.
- Repetimos con el círculo y el triángulo.

Seguimos en el segundo periodo hasta que veamos que el niño maneja bien los nombres de los objetos, lo que puede suponer varios días o semanas. Es conveniente ir cambiando las acciones que debe realizar, para que al niño le resulte más divertido, por ejemplo, en vez de señalar el objeto podemos pedirle que nos lo dé, que se lo ponga en la cabeza, que se lo guarde en el bolsillo o si estamos trabajando con letras podemos jugar al veoveo. A los niños les encantan estas variaciones.

Tercer periodo: pedimos al niño que nos dé la información.

- Señalamos uno de los objetos y preguntamos al niño: «¿Qué es esto?».
- Si dice el nombre incorrecto, volvemos al paso 2 del segundo periodo.

Es importante que el tercer periodo no parezca un examen, por eso debemos esperar hasta que el niño se sienta realmente cómodo con el vocabulario que hemos presentado y esté deseoso de compartirlo con nosotros.

Como ves, la lección en tres periodos es muy útil para introducir vocabulario nuevo y se puede utilizar con objetos cotidianos, así que es bastante fácil utilizarla en casa. Pero es importante tener en cuenta algunos detalles:

- No pasamos por los tres periodos en la misma presentación, cada vez se utiliza un periodo, y seguimos en ese periodo hasta que veamos que el niño está preparado para afrontar el siguiente periodo con éxito.
- No se introducen más de dos o tres objetos o conceptos.
- Hay que intentar aislar el concepto, como comentaba en el apartado anterior. Por ejemplo, si queremos trabajar las formas, intentaremos que el color, el tamaño y el material de los objetos sea el mismo.
- Si el niño se equivoca, nunca debemos decirle «no» o «te has equivocado», sino darle la respuesta correcta tal como he comentado en el paso 2 del segundo periodo.

Cómo presentar una actividad

Estas son algunas de las pautas que sigue una guía Montessori al presentar una actividad o material, pero, como verás, puedes extrapolarlas a otras actividades que no necesariamente sean Montessori.

- Preparar en una bandeja todo lo que el niño va a necesitar y en el formato en que lo va a necesitar. Esto es especialmente importante si tus hijos son menores de seis años; como ya he comentado, un niño mayor de seis años podría recopilar por sí solo los materiales que necesite para la actividad, podemos simplemente darle unas indicaciones.
- Ensayar la actividad antes de presentarla.
- En el momento de presentarla, eliminar distracciones tanto para el niño como para nosotros. Tenemos que estar presentes al cien por cien.
- Sentarse a la derecha del niño (a la izquierda si la persona que presenta la actividad es zurda) para que pueda ver los movimientos de nuestra mano dominante.
- Presentar la actividad exactamente como el niño tiene que hacerla. Por ejemplo, piensa en una actividad en la que el niño tenga que verter agua con una jarrita; tal vez nosotros podamos hacerlo sin problemas sujetando la jarra con una sola mano, pero seguramente el niño necesitará hacerlo con las dos manos, así que es así como debemos realizar ese movimiento.
- Presentar la actividad de izquierda a derecha y de arriba abajo. Esto no es arbitrario, se hace así porque ese es el sentido en el que leemos y escribimos, y el hecho de trabajar en ese sentido favorece tanto el orden como una preparación indirecta para la lectoescritura.
- Realizar movimientos marcados y deliberados, haciendo una pequeña pausa tras cada paso.

- Hablar solo lo necesario, la presentación debe ser principalmente visual.
- Si presentamos una actividad varias veces o actividades similares, debemos hacerlo siempre siguiendo los mismos pasos.
- Al terminar la presentación podemos recoger y llevar el material a su sitio o bien invitar al niño a realizar la actividad y explicarle dónde debe dejarlo cuando termine.
- Evitar corregir al niño, la mayoría de las actividades tienen control de error. Si el niño no se da cuenta del error, podemos repetir la presentación otro día, pero no lo interrumpimos mientras está trabajando.
- Observar cómo el niño realiza la actividad, si podemos mejorar algo, si le interesa, le resulta demasiado fácil o demasiado difícil, etcétera. Esta información es muy valiosa para conocer y seguir al niño.
- Una vez que hemos presentado la actividad podemos dejarla a su alcance para que la realice cuando quiera y cuantas veces quiera.

RESUMEN DEL CAPÍTULO 4

Las ideas principales que quiero que te lleves de este cuarto capítulo son:
- Como adultos debemos realizar una transformación en diferentes ámbitos: espiritual-emocional, físico, intelectual y técnico, y los más importantes en el entorno familiar son los dos primeros.

- Algunos de los principios Montessori que podemos incorporar en casa son la eliminación de castigos, premios y elogios, el respeto a la concentración, el equilibro entre libertad y límites, la resolución de conflictos mediante las herramientas que hemos comentado y la comprensión de la diferencia entre imaginación y fantasía.

- El ambiente preparado en casa debe englobar varios factores, como ser seguro y favorecer la independencia, el orden, y la concentración.

- Hay algunas diferencias si el ambiente preparado es para niños menores o mayores de seis años.

- Antes de introducir materiales Montessori en el hogar es importante haber trabajado la transformación personal y el ambiente preparado.

- Hay que tener en cuenta que en algunas situaciones puede no ser positivo ofrecer materiales Montessori a nuestros hijos en casa.

- Incluso sin materiales Montessori, podemos «montessorizar» las actividades que ofrezcamos a nuestros hijos siguiendo unas sencillas pautas.

5

Dudas, reparos y dificultades a la hora de adoptar la filosofía Montessori

A estas alturas del libro puedes estar en dos situaciones diferentes: con una sensación de bloqueo abrumadora por la cantidad de información que estás asimilando o con unas ganas tremendas de ponerte manos a la obra.

Si estás en la primera situación, es posible que en tu cabeza estén rondando inconvenientes, dudas, excusas para no tomar acción. No te preocupes, es normal, nuestra mente se acostumbra a vivir en una zona de confort y cuando intentamos salir de ella nos lo pone difícil. Cuando termines de leer este capítulo espero haber *desmontado* algunas de esas excusas que tu mente está creando y te sientas con más ganas de continuar.

Si estás en la segunda situación, ¡enhorabuena! Es el primer paso para empezar a trabajar; no significa que vaya a ser siempre fácil, pero si tienes la motivación, vas por buen camino. Aun así este capítulo va a venirte bien para tener respuestas cuando alguien te cuestione tu manera de educar a tus hijos –si todavía nadie lo ha hecho te aseguro que en algún momento alguien lo hará–.

5.1. Yo crecí sin Montessori y no estoy tan mal...

Esta excusa es un clásico de la negación, y un síntoma claro de resistencia a salir de la zona de confort de la que te hablaba. El típico «más vale malo conocido que bueno por conocer».

Cuando alguien me hace esta afirmación me gusta contestarle algo como: «Es verdad, no estás tan mal, pero realmente crees que no podrías estar mejor?». Con un poco de suerte esta pregunta cala en esa persona y le hace plantearse algunas cosas, que nunca viene mal.

Me considero una persona muy positiva, así que me gusta centrarme en lo bueno. Yo también pienso que no estoy *tan mal*, pero también creo que podría estar mejor, que muchas de las cosas en las que estoy trabajando con mucho esfuerzo ahora de adulta podría haberlas desarrollado de forma natural cuando era niña. No se trata de lamentarse al mirar atrás o de culpabilizar a la educación que tuvimos, sino de tomar conciencia de que se pueden hacer las cosas de otra manera.

Y eso es solo hablando a título individual..., pero ¿qué me dices de cómo estamos como sociedad?, ¿y de cómo estamos como humanidad?, ¿de verdad no estamos *tan mal*? Como acabo de decirte, soy una persona muy positiva, así que no voy a deprimirte con una disertación de lo mal que está el mundo. No es mi estilo. Soy realista, y sé perfectamente que el mundo está lleno de problemas, pero también soy optimista y prefiero dedicar mis energías a buscar soluciones a esos problemas en lugar de a lamentarme. Y creo firmemente que la clave está en la educación, y más en concreto en una educación basada en unos principios como los de Montessori.

Te propongo un ejercicio de reflexión: «Imagina cómo sería»

Ya te comenté al principio del libro que Montessori es bueno para tus hijos y bueno para el mundo. Te invito a que vuelvas a echarle un vistazo al listado de características de un niño Montessori y esta vez no pienses en tus hijos sino en ti; te invito a que imagines cómo sería tu vida si tuvieras todas esas características y te invito a que imagines cómo sería el mundo si todos tuviéramos esas características.

La próxima vez que alguien te diga: «Pues yo crecí sin Montessori y no estoy tan mal...», tal vez te apetezca proponerle este ejercicio.

5.2. ¿Esto no será una moda pasajera?

Es comprensible que alguien que no haya oído hablar de Montessori en su vida y ahora vea que se habla de Montessori en todas partes se sorprenda e incluso piense que se trata de un *boom* o de una moda pasajera.

Montessori es una pedagogía con más de cien años de historia y con muchos estudios (algunos de los cuales he mencionado ya en este libro) que corroboran lo que la doctora Montessori descubrió basándose en la experiencia con niños. ¿Podría decirse que en los últimos años está experimentando un *boom*? Sí. ¿Podría decirse que algunas personas se sienten atraídas por Montessori porque está de moda? Es posible que también. Pero incluso aquellos que se acercan a Montessori porque les parece muy chic, terminan por quedar enganchados por el verdadero sentido de la filosofía Montessori –al menos en su gran mayoría–, así que se trata de un fenómeno imparable que, afortunadamente, no creo que sea pasajero.

5.3. Montessori es solo para ricos

Esto es algo de lo que mucha gente se lamenta, y es cierto que esta afirmación tiene parte de verdad, pero otra parte es discutible.

La parte de verdad

Es cierto que tal como está planteado el sistema educativo actual en España y en muchos otros países, Montessori puede parecer accesible solo para aquellos que pueden permitirse un colegio privado. A día de hoy (tal vez cuando estés leyendo este libro la situación haya cambiado) es muy difícil, si no imposible, que una escuela pública pueda aplicar Montessori al cien por cien. No se trata de falta de presupuesto para comprar los materiales, es cierto que los materiales Montessori son caros, pero hay colegios públicos con pizarras digitales y ordenadores que posiblemente hayan costado más dinero que los materiales necesarios para un ambiente Montessori. El obstáculo principal es otro: hay ciertas incompatibilidades entre lo que un ambiente Montessori requiere y lo que la legislación del actual sistema educativo exige.

Debido a esas mismas incompatibilidades, también es prácticamente imposible abrir una escuela privada que siga cien por cien el método Montessori y que esta sea homologada por el Ministerio de Educación, lo que obliga a tener que certificar estas escuelas privadas como colegio extranjero, lo cual complica y encarece la creación del proyecto.

Todo esto hace que realmente el acceso a una educación cien por cien Montessori —a día de hoy— no sea accesible para todos.

La parte discutible

Pero tampoco tiene por qué ser todo o nada, ¿no? Y si no podemos ofrecerles a nuestros hijos el cien por cien, pero podemos ofrecerles el setenta, el cincuenta o el veinte por ciento, ¡siempre será mejor que nada!

En muchos países está empezando a implementarse Montessori en la escuela pública, y en España somos cada vez más gente trabajando para que esto también sea una realidad. Tal vez tengas la suerte de tener cerca un colegio público que está integrando Montessori en sus aulas, pero si no es así, ¿por qué no ser tú quien proponga la idea? Tal vez haya otros padres que compartan el mismo interés y podáis trabajar juntos en una propuesta para presentarla al colegio. Puedes encontrar familias, maestros y juntas directivas más o menos abiertos a este tipo de propuestas, pero si no lo intentas, nunca lo sabrás.

Por otra parte, déjame poner las cosas un poco en perspectiva. Estoy hablando de la situación en España, pero existen más de veinte mil escuelas Montessori en todo el mundo, algunas de ellas en países con recursos muy limitados, por lo que se podría decir que no son escuelas cien por cien Montessori, ya que no disponen de todos los materiales o el ambiente preparado no es el ideal. Pero están haciendo Montessori, partiendo de lo que tienen están trabajando para ofrecer a los niños el mejor acompañamiento posible a su desarrollo.

Si quieres ver algunos ejemplos de escuelas Montessori en lugares desfavorecidos, te recomiendo echarle un vistazo a la web de AMI Educateurs sans Frontières, la división de AMI (Association Montessori Internationale) dedicada a ayudar a los niños de todo el mundo a través de una educación basada en el método Montessori.

5.4. No quiero que mis hijos sean «bichos raros»

Todo depende de lo que para ti signifique ser un bicho raro. Para algunas personas puede ser un lastre, mientras que para otras puede ser algo maravilloso el hecho de sentirse único y diferente.

Una persona a la que considero muy sabia me dijo una vez que las decisiones se pueden tomar desde el amor o desde el miedo, y que cada vez que tenemos dudas a la hora de tomar una decisión vale la pena plantearnos desde dónde estamos tomándola.

Seguro que desde el amor deseas que tus hijos sean felices, que puedan desarrollar todo su potencial y que se conviertan en personas íntegras que vivan una vida plena. Pero desde el miedo es posible que temas que tus hijos sean diferentes, que vayan a contracorriente, que se salgan de lo que se considera *mainstream* y que, como consecuencia, se sientan rechazados y sufran. Ese miedo es comprensible porque nadie quiere que sus hijos sufran, pero si te fijas bien, te darás cuenta de que una persona íntegra y plena seguramente no va a sufrir por ser un bicho raro, sino que va a sentirse orgullosa de aquello que la hace diferente y especial. A veces al tomar una decisión desde el amor hacemos que el miedo se haga irrelevante.

Si tienes dudas respecto a cómo educar a tus hijos, te invito a que te pares a pensar desde dónde estás tomando esa decisión: ¿desde el amor o desde el miedo?

5.5. Mi entorno me lo pone muy difícil

Este es uno de los comentarios que me hacen habitualmente; está muy bien eso de trabajar en la transformación personal para ser un adulto preparado, pero ¿cómo hacemos para implicar a nuestra pareja, padres, hermanos y otros familiares para que ellos también decidan «transformarse»? Y si implicar a la familia lleva su trabajo, ya ni hablemos de implicar a amigos, vecinos, maestros y demás adultos que pasan tiempo con nuestros hijos... ¡La tarea puede parecer titánica!

Siento decirte que para este tema no existe una solución ideal ni una fórmula mágica que funcione para todos los casos, pero también puedo decirte que hay maneras de hacerlo más fácil.

Cada persona es diferente, mientras algunas están más receptivas, otras se resisten a interiorizar ideas nuevas que chocan con las que han tenido durante toda su vida, e incluso en algunos casos hay quien puede sentirse ofendido cuando sugerimos una manera de educar diferente a la manera en que esa persona fue educada o a la manera en que educó a sus hijos. Así que mi principal consejo es que hagas un gran ejercicio de empatía cuando vayas a comentar o sugerir a un familiar o a cualquier otra persona que trate a tus hijos de una manera determinada; es cierto que lo que le estás pidiendo es que respete tu manera de educar a tus hijos, pero esa persona también debe sentirse respetada o la cosa no funcionará.

Además de abordar esta tarea desde la empatía, hay ciertos consejos que pueden ayudarte a contagiar tu entusiasmo a otras personas y hacerles ver por qué Montessori es lo que tú consideras mejor para tus hijos.

Dejar que el tiempo te dé la razón

Muchas veces somos reacios a adoptar ideas que son contrarias a lo que pensábamos, pero si puedes demostrar que lo que dices es cierto con tu propio ejemplo y con hechos reales, esas nuevas ideas tendrán mucha más fuerza.

Personalmente creo que esta es una de las formas más efectivas de implicar a otras personas en tu estilo de crianza, porque ellas mismas se convencen al verlo con sus propios ojos y no se sienten atacadas. La única desventaja de esta estrategia es que lleva su tiempo.

Realizar juntos actividades de acercamiento a Montessori

El hecho de compartir con otras personas alguna actividad de acercamiento a la pedagogía Montessori, como ver películas o documentales, asistir a charlas o escuelas de padres, etcétera, suele funcionar muy bien.

La desventaja de esta estrategia es que ya implica un cierto esfuerzo por parte de la otra persona, para lo cual es necesario que al menos tenga algo de interés.

Compartir lo que aprendemos (sin resultar pesados)

He puesto entre paréntesis lo de «sin resultar pesados» porque muchas veces estamos tan entusiasmados con nuestros nuevos descubrimientos que tendemos a hablar sin parar de ello. Doy fe de ello porque me ha pasado.

Escribir un blog es una buena manera de compartir lo que vamos aprendiendo sin ser intrusivos (de hecho, así es como nació mi blog). Pero si no te apetece escribir un blog, siempre puedes compartir artículos de otros blogs, revistas, vídeos, etcétera, que puedan resultar inspiradores para esa persona, o, si le gusta leer, puedes regalarle un libro sobre el tema (como este que estás leyendo, por ejemplo, está feo que yo lo diga, pero creo que puede ayudarle a cambiar el chip).

Sobre todo, no convertirlo en un conflicto

En muchas ocasiones la situación no será la ideal y posiblemente no consigas que todos los adultos que rodean a tus hijos cambien su manera de tratarlos, pero es importante no convertirlo en un conflicto, porque puede ser peor el remedio que la enfermedad. Tenemos que ser capaces de aceptar la situación y centrarnos en lo positivo.

5.6. No tengo claro que Montessori sea lo ideal para mis hijos

Esta objeción tiene un poco de trampa; tal como la he formulado no es cierta, porque Montessori sin duda es para todos los niños, ya que se trata de una pedagogía creada precisamente a partir de la observación de miles de niños de diferentes partes del mundo, de diferentes estratos sociales y de diferentes capacidades, así que se adapta a las necesidades de todos ellos. Lo que sí es cierto es que Montessori no es para todos los padres; somos los adultos los que, tal vez por nuestras creencias o nuestras expectativas, podemos pensar que Montessori no encaja con nosotros, y entonces damos por hecho que no va a encajar con nuestros hijos.

En este punto me gustaría incidir en que hay que respetar y no juzgar las decisiones de cada familia. Un tema similar que seguramente te resultará mucho más familiar sería el de la lactancia materna; hoy en día está más que demostrado que la lactancia materna es la mejor opción para alimentar a los bebés, pero hay familias que por diversas razones optan por la lactancia artificial y a menudo se sienten juzgadas y acosadas. Está bien informar, pero cuando una familia toma una decisión debemos respetarla. No creemos guerras entre familias; todos los que tenemos hijos estamos juntos en este viaje de la crianza, y el *parent shaming** no ayuda a nadie.

---

* La expresión se refiere a la costumbre que tienen muchos padres y madres de juzgar lo que hacen otros padres y madres, e incluso hacerles avergonzar por ello.

RESUMEN DEL CAPÍTULO 5

Las ideas principales que quiero que te lleves de este quinto capítulo son:

- Nuestra mente se acostumbra a vivir en una zona de confort y cuando intentamos salir de ella nos lo pone difícil, por eso es habitual encontrar reparos o excusas para evitar cambiar.
- La excusa «yo crecí sin Montessori y no estoy tan mal» es un clásico de la negación y un síntoma claro de resistencia a salir de la zona de confort.
- Montessori es una pedagogía con más de cien años de historia y con muchos estudios que corroboran lo que la doctora Montessori descubrió basándose en la experiencia con niños. Créeme, no es una moda pasajera.
- Hoy en día una educación cien por cien Montessori no es accesible para todos, pero tampoco tiene por qué ser todo o nada, si no podemos ofrecerles a nuestros hijos el cien por cien, pero podemos ofrecerles el 70, el 50, el 20 %, ¡siempre será mejor que nada!
- Si Montessori no te convence porque temes que tus hijos se conviertan en bichos raros, te invito a que te pares a pensar desde dónde estás tomando esa decisión: ¿desde el amor o desde el miedo?
- No existe una solución ideal ni una fórmula mágica para conseguir transmitir a otras personas nuestro entusiasmo por Montessori, pero hay maneras de hacerlo más fácil.
- Montessori es para todos los niños, pero no para todos los padres. Y hay que respetarlo.

6

Crea tu plan de acción

Llegados a este punto imagino que debes tener bastante claro si Montessori es lo que pensabas o no, si encaja con lo que quieres para tus hijos o no y si vas a hacer algo al respecto o no.

Si has decidido hacer algo, o continuar lo que ya estabas haciendo, para ofrecer a tus hijos una educación Montessori, es posible que hayas marcado varias páginas, subrayado algunas ideas o incluso tomado notas. Todo eso es genial, pero ya sabes que no va a servir de mucho si cuando llegues a la última página de este libro lo cierras y no vuelves a mirar esas páginas que has marcado, esas ideas que has subrayado o esas notas que has tomado.

Te propongo que crees un plan de acción, no se trata de algo muy elaborado, pero sí de una pequeña guía que te sirva de referencia cuando sientas que no sabes por dónde continuar, cuando parezca que lo que has hecho hasta ese momento no ha servido para nada o que no tienes claro si todos tus esfuerzos merecen la pena. Si tienes ese pequeño punto de referencia, te resultará más fácil saber dónde estás, valorar el camino que has recorrido y renovar fuerzas para continuar, y además puede servirte de ayuda el hecho de plasmar tu compromiso de forma tangible en papel.

Como cada situación es diferente, no puedo ofrecer un plan de acción que sirva para todas la personas que lean este libro, pero sí que puedo ayudarte a recapitular todo lo que hemos visto a lo largo del libro para que analices en qué punto te encuentras, adónde quieres llegar y cuáles son los siguientes pasos que deberías dar.

Te sugiero que sigas la siguiente estructura para escribir tu plan de acción:

¿Dónde estamos?

Dedica un tiempo a analizar:

- ¿Qué has hecho hasta ahora para ofrecer Montessori a tus hijos?
- ¿Qué es lo más importante que has aprendido?
- ¿Qué crees que es lo más importante que tienes que aprender a continuación?
- ¿Cómo es el momento actual de tus hijos (qué crees que necesitan, qué ha funcionado bien hasta ahora y qué cosas podrían mejorarse)?

¿Adónde queremos llegar?

Piensa en tus expectativas, tanto para ti como para tus hijos:

- ¿Qué quieres conseguir a corto plazo (por ejemplo, en seis meses)?

- ¿Qué quieres conseguir a largo plazo (por ejemplo, en cinco años)?

Te recomiendo que seas realista, es mejor que te comprometas a hacer unos pocos cambios y seas capaz de cumplirlo; si creas una lista interminable puede ser frustrante.

¿Cómo vamos a conseguir esos objetivos?

Decide qué pasos vas a seguir para conseguir los objetivos que te has marcado, tanto a corto como a largo plazo.

La idea es revisar este plan de acción cada seis meses para ver si has conseguido los objetivos que te pusiste a corto plazo, seguir trabajando en aquellos que no hayas conseguido y para añadir nuevos objetivos si lo consideras oportuno. Y también puedes ver si te vas acercando poco a poco a los objetivos que te pusiste a largo plazo.

Y para ponértelo más fácil, voy a recapitular brevemente todo lo que hemos visto a lo largo del libro.

En el primer capítulo he hecho una introducción con la que imagino que te ha quedado claro que Montessori no solo es bueno para tus hijos, sino también para la humanidad en general. Y también he querido aclarar un error en el que solemos caer cuando nos acercamos a Montessori por primera vez, y es que hay mucho más detrás de los materiales: Montessori consiste en acompañar el desarrollo del ser humano.

En el segundo capítulo he intentado darte una visión global de Montessori a través de los principios más importantes en los que se basa: los cuatro planos del desarrollo, las tendencias humanas, el maestro interior y los tres pilares básicos de la pedagogía Montessori: el adulto preparado, el ambiente preparado y los materiales.

En el tercer capítulo he querido transmitirte que tanto si tus hijos van a una escuela Montessori como si no, el hecho de ofrecerles un «estilo de vida Montessori» va a tener un impacto enormemente positivo en su desarrollo y en su visión del mundo. He hablado del concepto de normalización y su importancia y te he dado algunas claves para favorecerla en casa.

En el cuarto capítulo te he dado un montón de información práctica sobre la que empezar a trabajar. Después de la base teórica de los primeros capítulos he querido darte unas pautas que te sirvan realmente para trazar tu mapa de ruta, tu plan de acción.

Hemos visto que el primer paso imprescindible para integrar Montessori en tu familia —el primer escalón de la pirámide— es tu preparación como adulto, que conlleva una transformación en diferentes ámbitos: espiritual-emocional, físico, intelectual y técnico, de los cuales los dos primeros son los más importantes en el entorno familiar. También hemos abordado algunas de las cuestiones que debes tener en cuenta en tu manera de tratar a tus hijos, como prescindir de castigos, premios y elogios, respetar la concentración, mantener el equilibro entre libertad y límites, gestionar la resolución de conflictos y tener en cuenta la diferencia entre imaginación y fantasía.

En cuanto al ambiente preparado en casa –el segundo escalón de la pirámide–, te he dado unas pautas generales para crearlo, atendiendo también a las diferencias entre las necesidades de niños menores o mayores de seis años.

Y por último, te he hablado del último escalón de la pirámide: las actividades y los materiales. He querido volver a incidir en la importancia de haber trabajado la preparación del adulto y del ambiente antes de introducir materiales Montessori en el hogar, de no «empezar la casa por el tejado», y te he planteado que en función de la situación puede ser más o menos conveniente ofrecer materiales Montessori a tus hijos en casa. También te he dado unas sencillas ideas para «montessorizar» las actividades que ofrezcas a tus hijos sin necesidad de que estas sean oficialmente Montessori.

Te recomiendo que repases especialmente este cuarto capítulo para elaborar tu plan de acción.

En el quinto capítulo he querido rebatir algunos de los argumentos que habitualmente se ofrecen como excusa para no seguir Montessori. Argumentos como: «Yo crecí sin Montessori y no estoy tan mal», «Montessori es una moda pasajera», «Montessori solo es para ricos», «No quiero que mis hijos sean bichos raros», «Mi entorno me lo pone muy difícil» o «No sé si Montessori es la mejor opción para mis hijos», que suelen tener su origen en el miedo a cambiar. He intentado rebatir estos argumentos desde el respeto a todas las opiniones y decisiones que cada familia quiera tomar, pero me parecía importante incluir este capítulo para que puedas tomar tus decisiones desde el conocimiento.

Ahora te animo a que cojas lápiz y papel –si todavía no lo has hecho– y empieces a elaborar tu plan de acción y, por supuesto, a ponerlo en marcha. Aunque posiblemente no vas a ver resultados de un día para otro –la educación y la crianza son así, una carrera de fondo–, espero que con el tiempo sientas que ha merecido la pena el esfuerzo y que lo que has aprendido en este libro ha sido un regalo para tus hijos y para el mundo.

7

Ideas e inspiración para los momentos difíciles

En el capítulo anterior he agrupado las ideas más importantes del libro y te he sugerido que elabores un plan de acción para llevarlas a la práctica, pero como ya te he comentado, no se trata de una fórmula mágica que funcione a corto plazo, esto es una carrera de fondo, un trabajo del día a día, y eso a veces es duro. Es duro porque además de madres y padres somos humanos (aunque a veces con las prisas lo olvidemos), y como tales tenemos nuestros momentos de cansancio, debilidad, frustración, etcétera. Seguro que no tengo que explicártelo ni ponerte ejemplos porque si tienes hijos, sabes perfectamente de lo que hablo.

Hablo de esos momentos en los que piensas que todo tu esfuerzo por cambiar el chip, por hacer las cosas de una manera diferente, no está sirviendo para nada.

Hablo de esos momentos en que te sientes cuestionado por las decisiones que tomas respecto a la crianza y la educación de tus hijos.

Hablo de esos momentos en los que te dices a ti mismo: «¿No sería más fácil hacer lo que hace todo el mundo y no complicarme tanto la vida?».

En esos momentos es fácil tirar la toalla, sobre todo si no tenemos apoyo y si perdemos la perspectiva, si los árboles no nos dejan ver el bosque. Por eso quiero terminar este libro con algunos recursos que creo que pueden servirte de apoyo, de ánimo, de inspiración en esos momentos difíciles.

- Implica a tu pareja y familiares todo lo posible en tu forma de educar a tus hijos; si no consigues transmitirles tu entusiasmo, intenta al menos que respeten tus decisiones.
- Crea conexiones con otras familias Montessori con las que puedas compartir tanto los éxitos como las frustraciones. Tener una pequeña tribu siempre ayuda, si no puedes hacerlo en el plano local te animo a hacerlo virtualmente; una de las grandes ventajas de internet es que permite acercar personas afines aunque estén a muchos kilómetros de distancia. Durante bastante tiempo mi tribu Montessori estaba únicamente en internet, y me sirvió de mucha ayuda.
- Piensa siempre a largo plazo. Tal vez eso que hoy te parece un gran problema puede no ser tan grande o incluso ser una oportunidad si lo analizas a largo plazo.
- Date un respiro. El cansancio es un mal común de las madres y los padres y es un lastre importante. No podemos ofrecer a nuestros hijos —ni a nadie— la mejor versión de nosotros mismos si no estamos bien. Todos necesitamos dedicar un tiempo a cuidarnos, ya sea física o

mentalmente, y hay que incluirlo en nuestra lista de prioridades o corremos el peligro de que nunca ocurra.

• Perdónate. No tienes que ser la madre perfecta o el padre perfecto, la imperfección nos hace humanos, y cometer errores es la mejor manera de aprender y de mostrar a nuestros hijos el valor de la humildad. Recuerda que la excelencia existe, pero la perfección no, así que deja de torturarte persiguiendo una perfección que nunca llegará.

• No te compares ni compares a tus hijos. No se trata de una competición para ver qué familia está aplicando mejor la filosofía Montessori o qué niños están recibiendo una educación más Montessori. Esta recomendación no solo sirve para Montessori o para la educación, sino para cualquier aspecto de la vida. La única persona con la que deberías compararte es contigo mismo si te sirve para mejorar.

• Ten siempre en mente cuál es tu principal motivación: el presente y el futuro de tus hijos.

Por último, quiero terminar con algunas citas inspiradoras, pero no sin antes agradecerte que te hayas tomado el tiempo de leer este libro. Espero de corazón que te haya servido de ayuda.

«Los padres solo pueden dar buenos consejos o poner a los hijos en el camino del bien, pero la formación del carácter de una persona reside en ella misma».

ANNA FRANK

«No siempre podemos construir el futuro de nuestra juventud, pero podemos construir nuestros jóvenes para el futuro».

FRANKLIN D. ROOSEVELT

«Cuando te tomas el tiempo necesario para escuchar realmente, con humildad, lo que las personas tienen que decir, es increíble lo que se puede aprender. Sobre todo si las personas a las que estás escuchando resultan ser niños».

GREG MORTENSON

«El niño, con su enorme potencial físico e intelectual, es un milagro frente a nosotros. Este hecho debe ser transmitido a todos los padres, educadores y personas interesadas en niños, porque la educación desde el comienzo de la vida podría cambiar verdaderamente el presente y el futuro de la sociedad».

MARIA MONTESSORI

Referencias bibliográficas

AMI, Educateurs sans Frontières (www.amiesf.org).

Csíkszentmihályi, Mihály (2014), *Fluir: una psicología de la felicidad*, Barcelona, Kairós.

Gandhi, Mahatma (1931), «Speech at Montessori Training College», Londres, publicado en *Young India* el 19 de noviembre de 1931.

Lillard, Angeline S. (2008), *Montessori: The Science behind the Genius*, Oxford, Oxford University Press.

Montessori, Maria (1968), *El niño: el secreto de la infancia*, Barcelona, Araluce.

— (1971), *La mente absorbente del niño*, Barcelona, Araluce.

— (1998a), *Creative Development in the Child*, India, Kalakshetra Press.

— (1998b), *Educación y paz*, Buenos Aires, Errepar.

— (1998c), *La educación de las potencialidades humanas*, Buenos Aires, Errepar.

— (2012), *The Advanced Montessori Method*, Nashville (Tennessee), Rare Books Club.

— (2016), *Dall'infanzia all'adolescenza*, Milán, Franco Angeli.

Mueller, C. M., y Dweck, C. S. (1998), «Praise for intelligence can undermine children's motivation and performance», *Journal of Personality and Social Psychology*, 75 (1), p. 33.

Glosario o índice de términos con referencias a las páginas

Su opinión es importante.
En futuras ediciones, estaremos encantados
de recoger sus comentarios sobre este libro.

Por favor, háganoslos llegar a través de nuestra web:

www.plataformaeditorial.com

Para adquirir nuestros títulos, consulte con su librero habitual.

«*I cannot live without books.*»
«No puedo vivir sin libros.»
THOMAS JEFFERSON

Plataforma Editorial planta un árbol
por cada título publicado.